이순신

글쓴이 **양효진**

1996년에 서울에서 태어났다. 고려대학교 국어교육과를 졸업한 후, KBS TV 유치원 〈하나 둘 셋〉, EBS 〈딩동댕 유치원〉〈만들어 볼까요〉등의 어린이 프로그램 및 〈임진왜란〉〈창덕궁 - 왕조의 세월〉〈세계의 어린이〉등 다큐멘터리를 집필했다. 《이순신》은 임진왜란 400주년을 기념하는 다큐멘터리를 기획하던 중 이순신에 대한 재미있고 놀라운 사실들을 알게 되어, 그것을 우리 어린이들에게 알리고 싶다는 생각으로 쓴 책이다.

감수자 **김순자**

1960년 경주에서 태어나 연세대학교 사학과를 졸업하고, 연세대학교, 방송대학교, 인덕대학교에서 학생들을 가르쳤다. 논문으로 〈고려말 동북면의 지방 세력 연구〉〈원 간섭기 민의 동향〉〈고려말 대 중국 관계의 변화와 신흥 유신의 사대론〉들이 있다.

이순신
우리가 잊지 말아야 할 나라를 지킨 장군 1

개정1판 1쇄 발행 | 2019년 9월 27일
개정1판 2쇄 발행 | 2021년 7월 15일

지 은 이 | 양효진
감 수 자 | 김순자
펴 낸 이 | 정중모
펴 낸 곳 | 파랑새
등   록 | 1988년 1월 21일 (제406-2000-000202호)
주   소 | 경기도 파주시 회동길 152
전   화 | 031-955-0670 팩 스 | 031-955-0661
홈페이지 | www.bbchild.co.kr
전자우편 | bbchild@yolimwon.com

ⓒ 파랑새, 2000, 2002, 2007, 2019
ISBN 978-89-6155-867-9 74910
     978-89-6155-866-2 (세트)

• 책값은 뒤표지에 있습니다.
• 출판사의 허락 없이 이 책의 일부 또는 전체를 인용하거나 발췌하는 것을 금합니다.
• 본 도서는 파랑새 〈인물로 보는 한국사〉 시리즈를 재편성한 도서입니다.

어린이제품안전특별법에 의한 제품 표시
제조자명 파랑새 | 제조년월 2021년 7월 | 제조국 대한민국 | 사용연령 10세 이상

우리가 잊지 말아야 할 나라를 지킨 장군 1

이순신

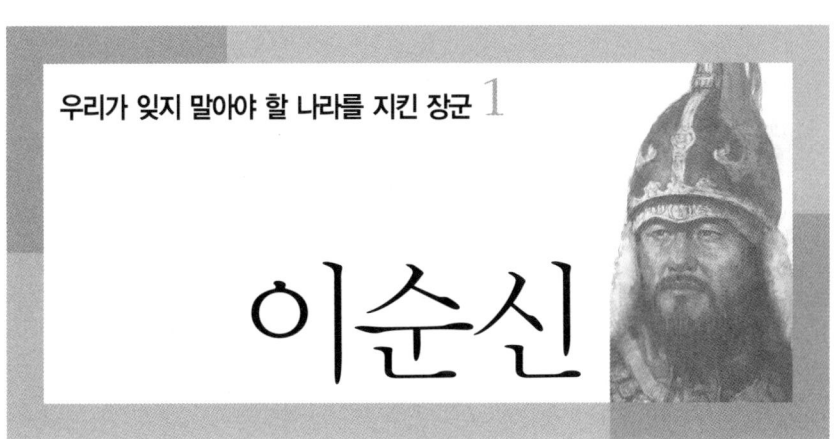

양효진 글 | 김순자 감수

파랑새

추천사
삶의 등대가 되어 주는 역사 인물

'도로시'라는 미국의 교육학자는 '아이들은 사는 것을 배운다'라는 유명한 시를 남겼습니다. 그 내용은 다음과 같습니다.

만일 아이가 나무람 속에서 자라면 비난을 배웁니다.
만일 아이가 적개심 속에서 자라면 싸우는 것을 배웁니다.
만일 아이가 비웃음 속에서 자라면 부끄러움을 배웁니다.
만일 아이가 수치심 속에서 자라면 죄의식을 배웁니다.
만일 아이가 관대함 속에서 자라면 신뢰를 배웁니다.
만일 아이가 격려 속에서 자라면 고마움을 배웁니다.
만일 아이가 공평함 속에서 자라면 정의를 배웁니다.
만일 아이가 인정 속에서 자라면 자기 자신을 좋아하는 것을 배웁니다.
만일 아이가 받아들임과 우정 속에서 자라면 세상에서 사랑을 배우게 됩니다.

이 아름다운 시처럼 우리들의 아이들은 끊임없이 세상에서 무엇인가 배우고 있습니다. 자라나는 아이들에게 사는 것을 배우게 하는 가장 좋은 방법은 무엇일까요? 그것은 아마도 우리나라가 낳은 조상들 중에서 훌륭한 업적을 이룩하신 역사적 인물들을 배우고 그 인물들을 통해서 그들의 애국심과 남다른 인격을 본받는 것입니다. 지금까지 어린 아이들을 대상으로 하는 위인전은 많이 있었지만 이번에 발간한 인물 이야기처럼 이제 막 인격이 성숙하기 시작하는 초등학교 고학년에서부터 사춘기에 이르는 중학생을 상대로 한 인물 역사책은 거의 없었던 것으로 알고 있습니다. 사실 이런 책들은 역사를 인식하고 역사적 인물을 이해할 수 있는 연령을 대상으로 하였을 때, 비로소 그 빛을 볼 수 있다고 생각합니다.

꼭 알아야 할 역사적 인물을 선정해서 발간하는 이 책은 우리 아이들에게 무한한 자부심과 희망과 꿈을 키워 줄 것입니다.

그리고 이 책은 역사학자들의 철저한 감수와 고증을 거쳐 역사적 사실이 흥미 위주로 과장되거나 주관적인 해석으로 왜곡되지 않고 정확하게 전달되도록 온 힘을 기울였습니다.

존경하는 인물을 한 사람 가슴에 품고 자라난 아이들은 가슴 속에 하나의 등대를 갖고 있는 항해사와 같습니다. 아이들의 먼 인생 항로에서 언제나 꺼지지 않는 등불이 되어 절망과 역경에 이르렀을 때도 그 앞길을 밝혀 주는 희망의 등불이 될 것입니다.

자라나는 아이들은 미래의 희망입니다. 그들에게 사는 것을 가르치기 위해서는 아이들이 살아갈 조국, 내 나라 내 땅을 위해 땀과 피와 목숨을 바친 훌륭한 역사적 인물들의 씨앗을 우리 아이들의 가슴 속에 뿌려 주는 일일 것입니다. 그 씨앗은 아이들 가슴 속에서 무럭무럭 자라나 마침내 아름다운 꽃과 무성한 열매를 맺게 될 것임을 저는 의심치 않습니다.

이어령 전 문화부 장관

지은이의 말

제가 이순신 장군을 알게 된 것은 1992년이었습니다. 1992년은 임진왜란이 일어난 지 400년이 되는 해였습니다. 그전까지 이순신 장군은 제게 위인전 속의 인물일 뿐이었지요. 그해 방송국에서는 임진왜란 400주년을 기념하는 다큐멘터리를 기획하였고, 그 1년 동안 저는 전국 방방곡곡을 다니며 이순신 장군의 흔적을 찾았습니다. 그러는 동안 저는 깜짝 놀랄 만한 사실들을 많이 발견했습니다. 제가 감히 용기를 내어 이 책을 쓰기로 마음먹은 이유도, 어린이 여러분에게 그 놀라운 사실들을 알려 주기 위해서입니다. 저는 이 책을 읽기 전에 여러분에게 꼭 부탁드리고 싶은 것이 있습니다. 저는 이 책이 여러분이 과학적인 사고를 하는 데 도움이 되었으면 합니다. 임진왜란에서의 승리는 과학의 승리였기 때문입니다. 거북선이 왜 호랑이나 용처럼 더 멋진 동물이 아닌 '거북' 모양의 철갑선이어야 했는지, 그리고 얼마나 과학적으로 놀라운 성능을 가졌는지 여러분이 이 책을 통해 생각해 볼 수 있는 기회를 가졌으면 좋겠습니다. 또 명량해전에서 어떻게 12척의 배만으로 133척의 왜선을 물리칠 수 있었는지 당시의 울돌목(명량)으로 돌아가 한번 생각해 보았으면 합니다.

저는 그곳에서 여러분이 이순신 장군의 위대함보다는 고난과 어려움을 극복하고 헤쳐 나가는 용기와 지혜를 배웠으면 합니다. 여러분은 이순신 장군이 임진왜란 중에 반대파의 모함을 받아 모진 고문을 받은 뒤 귀양을 갔던 사실을 알고 있겠지요? 그 사이 원균이 이끄는 조선 수군은 왜군에게 크게 패해 수백 척의 전투함과 많은 수군(지금의 해군)을 잃고 맙니다. 남은 배라곤 12척뿐이었지요. 당황한 조정에서는 이순신 장군에게 다시 나가 싸울 것을 명하고, 명령을 받은 이순신 장군은 임금께 다음과 같은 장계를 올립니다.

'신(臣)에게는 아직도 12척의 배가 있사오니 나아가 죽기로 싸운다면 능히 적을 이길 수 있을 것이옵니다.'

여러분! 이순신 장군의 용기가 참 대단하다는 생각이 들지 않나요?

약속대로 이순신 장군은 명량에서 멋진 승리를 하고, 그로부터 얼마 뒤 노량해협에서 도망치는 왜군을 뒤쫓다 목숨을 잃게 됩니다. 전쟁이 끝나는 가장 행복한 순간에 죽음을 맞이한 셈입니다.

이제 잠시 뒤 여러분은 이 책에서 새로운 임진왜란과 새로운 이순신 장군을 만나게 될 것입니다. 이 책을 통해 여러분이 이제까지보다 훨씬 더 이순신 장군을 사랑하고 존경하게 될 것으로 저는 믿습니다.

양효진

차례

추천사　　　　　　　　　　　　5
지은이의 말　　　　　　　　　　8

1. 건천골의 어린 대장　　　　　　12
2. 무과에 급제하다　　　　　　　　25
3. 계속되는 모함　　　　　　　　　38
4. 드디어 전라좌수사가 되다　　　　50
5. 거북선의 탄생　　　　　　　　　59
6. 전쟁의 시작　　　　　　　　　　74
7. 삼가 적을 무찌른 일을 아뢰나이다　87

8. 연이은 승리 – 무적의 함대　　　　　　100

9. 한산도의 쌍학익진　　　　　　　　　115

10. 작은 영웅들　　　　　　　　　　　127

11. 외로운 싸움　　　　　　　　　　　140

12. 백의종군　　　　　　　　　　　　152

13. 조선 수군의 전멸　　　　　　　　　164

14. 신에게는 아직도 12척의 배가 있사오니　178

15. 다시 일어선 수군　　　　　　　　　194

16. 도요토미 히데요시의 죽음　　　　　206

16. 최후의 날　　　　　　　　　　　　218

1. 건천골의 어린 대장

　어느덧, 따사로운 봄볕도 기운을 잃어 아름드리 소나무 숲에는 어둠이 깃들기 시작했다. 봄바람에 취해 들판과 초목으로 어슬렁거리던 산짐승들은 보금자리를 찾아 조용히 깊은 어둠의 골짜기로 사라져 갔다. 하늘 아래서 유일하게 어둠을 밝혀 주는 것은 산기슭에 옹기종기 이마를 맞대고 있는 마을이었다. 풀섶을 흔들며 졸졸졸 흐르는 시냇물 저편에는 깔끔하게 단장된 30여 채의 초가가 다정하게 모여 있었다.
　쏴아. 쏴아…….
　밤이 깊어 가면서 슬그머니 달빛을 쫓아 내려온 바람이 천 년 묵은 늙은 소나무의 한숨 소리를 실어다 주었다. 이렇듯 고요한 평화로움을 깨뜨리며 문득 어둠의 장막을 찢어 내는 애처로운 여인의 신음 소리가 났다. 신음 소리에 놀란 바람이 동구 밖으로 줄행랑을 치고 있을 때였다.
　"으앙!"
　하늘과 땅을 울리는 갓난아기의 울음소리가 들렸다.

1. 건천골의 어린 대장

"후유……."

이정은 깊은 한숨을 뱉으며 조용히 문고리를 당기고 방 안으로 들어갔다. 제법 잘생긴 사내아이가 땀에 젖은 부인 변씨 옆에 누워 있었다. 이정은 아내의 손을 꼭 잡아 주면서 따뜻하게 말을 건넸다.

"수고했소."

"이번에도 아들이랍니다. 참 잘생겼지요? 그런데 여보……."

흐뭇한 눈길로 아기를 바라보던 부인은 갑자기 말꼬리를 흐리다가 뭔가를 결심한 듯 어렵게 말을 꺼냈다.

"저, 이 아기의 이름을 순신이라 하면 어떻겠어요?"

엉뚱하게 이어지는 말에 이정은 그만 어이가 없었다.

"아니, 그게 무슨 소리요?"

이정이 반문했다.

"글쎄, 간밤 꿈에 시할아버님이 나타나셨어요. 저를 뚫어지게 보시더니 오늘 태어날 아이는 장차 나라를 위해 큰 일을 할 터이니, 훌륭한 신하라는 뜻으로 순임금 순, 신하 신을 써서 순신이라 부르라고 하시더군요. 참 신기하지요?"

가만히 부인의 말에 귀를 기울이고 있던 이정은 기쁨을 감추지 못하고 말했다.

"허허, 할아버님께서 꿈에……. 두말 할 나위도 없소. 누가 내리신 이름인데. 좋소, 순신이라 합시다. 이, 순, 신!"

이정은 한 자씩 한 자씩 끊어 말하면서 다시 한 번 신기한 듯 아

이의 얼굴을 들여다보았다. 등잔불에 비친 부부의 얼굴에 한껏 흐뭇한 미소가 번지고 있었다.

　1545년 3월 8일, 이 날이 바로 우리 나라에 임진왜란이라는 큰 난리가 일어났을 때, 슬기와 용기로 왜적을 물리쳐 나라를 구한 이순신 장군이 태어난 날이다.
　이렇듯 조상님과 부모님의 축복과 기대 속에 태어난 순신이 어린 시절을 보낸 곳은 한성 건천동(지금의 서울 중구 인현동)이었다.
　'남산골 샌님' 이라 부르는 가난한 선비들이 모여 사는 건천동.
　살림살이는 보잘것 없으나 곧게 뻗은 소나무의 꿋꿋함을 이어받은 이 곳 선비들은 학문에 대한 진지하고도 뜨거운 열정을 가지고 있었다. 그래서 건천동 아이들은 누구나 예닐곱 살이 되면 글방에 나가 천자문을 배웠다. 순신도 두 형 희신, 요신, 동생 우신과 함께 글방에 다녔다.
　순신의 집안은 대대로 관리를 배출한 이름있는 덕수 이씨 가문이었다. 순신의 증조할아버지 이거는 관리의 추천과 임명을 담당하는 이조 정랑을 지내신 분이다. 이거는 관리의 잘못을 다스리는 장령 벼슬도 지냈는데, 벼슬의 높낮이를 가리지 않고 엄하게 벌을 내려 호랑이장령이라 불리기도 했다. 바로 이분이 꿈에 나타나 순신의 이름을 지어 주신 분이다.
　그러나 할아버지 이백록은 젊은 시절 조광조, 김정 등 뜻이 높은 사람들과 바른 정치를 펴려다가 반대하는 사람들의 모함으로 무참히 죽임을 당했다. 이 때 2백여 명의 선비가 죽임을 당하였는데, 이를 '기묘사화' 라 한다.

이렇듯 당파 싸움으로 나라가 어지럽고 아버지마저 잃게 된 순신의 아버지 이정은, 벼슬에 뜻을 두지 않고 글만 읽는 선비로 남았다. 그래서 집안은 넉넉하지 않았다. 하지만 순신의 어머니는 아들들을 끔직이 사랑하면서도 가정 교육이 엄격하였다. 순신의 부모는 책 속에 많은 지혜와 사람의 도리가 담겨져 있음을 자식들에게 일깨워 주었다.

순신은 어려서부터 다른 아이들보다 덩치가 크고 의젓했다. 그는 큰 덩치에 비해 성격은 무척 꼼꼼해서 한번 익힌 것은 반드시 확인하고 직접 해 보아야 직성이 풀리는 아이였다. 그는 열두 살에 이미 논어와 맹자를 읽고 외울 줄 알았다. 어느 정도 글을 읽기 시작하자, 평소 전쟁놀이를 좋아하던 순신은 병서(군사의 모든 법칙에 관한 책)에 취미를 붙이기 시작했다.

용감한 장수들이 여러 가지 지혜와 용기로 적을 물리치고 나라를 구하는 박진감 넘치는 전쟁 이야기들은 언제나 어린 순신의 마음을 사로잡았다. 순신은 책에서 읽은 여러 전술들을 전쟁놀이에 적용해 보곤 했다.

전략과 전술이 뛰어나고 의젓한 순신은 언제나 전쟁놀이에서 대장이었다.

순신은 글방에서 돌아오면 으레 책 대신 잘 다듬어진 나무칼과 활을 차고 동구 밖으로 달음질쳤다. 동구 밖 늙은 소나무 아래에는 벌써부터 줄을 맞춰 선 아이들이 저마다 나무칼이나 창을 들고 순신을 기다리고 있었다. 순신은 놀이를 시작하기 전에 항상 아이들의 무기를 살펴보았다. 제대로 무기를 손질하지 않았거나 놀이규칙을 어기는 아이들에겐 엄한 벌을 주었다. 또한 아무리 어른이라도 도리에 어긋나거나 그의 마음에 맞지 않는 행동을 할 때에는 그 잘못을 따지고 들어 부모님을 걱정시키곤 했다.

참으로 고집이 센 아이로 소문이 나 어른들조차 그에게 함부로 대하지 못했다.

맴맴맴······.

찌는 듯한 8월의 더위에 매미소리만 쟁쟁한 여름날이었다. 흰 도포에 갓을 쓴 풍채 좋은 양반이 말을 타고 건천동을 들어서고 있었다. 건장한 하인에게 말고삐를 들린 모양으로 보아 지체 높은 양반의 행차임이 분명했다.

"어험, 날씨 한번 덥구나. 저기가 건천동이냐?"

"예, 대감마님. 이제 저 개울만 건너시면 됩니다."

"그래, 어서 가자꾸나. 어험."

이마의 땀을 팔뚝으로 한번 쓱 훔치고 나자, 하인은 말고삐를 고쳐 쥐고 냇가 위에 놓인 다리로 발걸음을 옮겼다.

그 때였다.

와와…….

함성과 함께 한 떼의 아이들이 다리 저쪽으로 몰려오고 있었다. 아이들은 손에 나무칼을 높이 치켜들고 마치 나라를 침략한 적군을 물리치러 나온 병사들처럼 다리를 막았다. 갑작스런 아이들의 행동에 놀란 양반 행차는 그대로 다리 앞에 멈추었다. 그 때 한 아이가 한 걸음 앞으로 나와 나무칼을 번쩍 들어올리자 아이들은 순식간에 조용해졌다. 다른 아이들보다는 머리 하나가 커 보이는 아이였다. 아이들이 조용해지자 그 아이는 성큼성큼 다리를 건너 양반 행차 앞에 우뚝 섰다. 그리고 힘있는 목소리로 말했다.

"잠깐, 이 길로는 지나실 수가 없습니다."

아이의 느닷없는 말과 행동에 어안이벙벙한 하인은 의아한 표정으로 되물었다.

"건널 수 없다니? 이 다리는 사람이 건너는 다리가 아니더냐?"

아이는 물러서지 않고 야무지게 대답했다.

"그렇긴 합니다만, 지금 이 곳은 저희들의 싸움터이니 어쩔 수 없습니다."

하인은 어이가 없어 버럭 소리를 질렀다.

"아니, 이런 놈을 봤나! 이 어른이 누구신 줄 알고 감히 가라 마라 호령이냐. 당장 비키지 못할까?"

"뭐라고 하셔도 안 됩니다. 지금은 적과 전투중이니 아무도 이 곳

을 지날 수 없습니다."

아이의 목소리에도 결코 물러서지 않겠다는 다부진 결심이 서려 있었다. 말 위에서 이 웃지 못할 실랑이를 지켜 보던 양반이 마침내 호통을 쳤다.

"거 참, 맹랑한 아이구나. 말로 해서는 안 될 일이다. 여봐라! 냉큼 저 애를 비켜나게 하여라!"

주인의 불 같은 호령이 떨어지자 하인은 억센 팔뚝을 걷어부치고 아이에게 다가가 우악스럽게 아이를 낚아채려 하자, 아이는 살짝 뒤로 몸을 피했다. 동시에 허리에 차고 있던 나무칼을 뽑아 들었다. 처음에는 어린 아이라고 얕보던 하인도 뒤로 주춤 물러났다.

"잠깐 기다리시오!"

바로 그 때 어디선가 커다란 목소리가 화살처럼 날아와 다리 위에 감도는 숨가쁜 긴장감을 깨뜨렸다. 모든 시선이 동시에 소리가 나는 쪽으로 돌려졌다. 눈이 총명하게 빛나는 아이 하나가 책을 옆에 끼고 다리 이쪽으로 건너왔다. 아이는 숨이 턱에 받친 듯 가쁘게 숨을 몰아쉬더니, 말 위의 양반에게 공손히 고개를 숙였다.

"어르신, 저는 이 마을에 사는 류성룡이라 합니다. 멀리서 보니 어찌 된 영문인지 짐작이 되어 한 말씀드리고자 이렇게 뛰어왔습니다. 저 소년은 소생의 친구 이순신인데 지금 병사들을 이끌고 전쟁을 하고 있는 중입니다. 비록 놀이에 지나지 않지만 대장으로 맡은 일에 충실하려는 마음에서 비롯된 행동이니 너무 나무라지 마셨으면 합니다."

사람의 마음을 움직이는 낭랑한 목소리로 또박또박 말을 잇는 성룡의 맑은 눈초리에 양반의 노여움도 누그러졌다. 하지만 순신의 행동이 너무 지나치다는 생각은 버릴 수가 없었다.

"그래, 그 마음은 기특하다만 지금 분명 급한 일로 이 다리를 드나드는 사람이 있는데 한낱 놀이 때문에 이같이 시간을 빼앗겨서야 말이 되겠느냐?"

"물론 어르신의 말씀도 옳습니다. 하지만 이 전쟁놀이는 나라가 위기에 처할 때를 대비한 것이오니, 그 충성심 또한 헤아려 주시기 바랍니다."

성룡은 거침없이 대답했다. 그 말하는 모양이 귀여워 양반은 한 층 부드럽게 말했다.

"오호, 그러면 말이다. 만일 임금님이 이 곳을 지나신다면 어찌하겠느냐?"

물론 장난삼아 던진 말이었다.

이 때, 순신이 그 물음을 받아 당차게 되받아쳤다.

"아니 그럼, 임금님께서 전쟁터를 지나시기까지 나라를 어지럽게 내버려 둔단 말입니까? 제가 대장이라면 그런 일은 절대 없을 것입니다."

자신만만한 순신의 대답을 듣는 순간, 양반은 순신이 보통 아이가 아니라고 생각했다.

"옳거니, 그래 네 말이 맞구나! 허허, 내가 졌다. 자, 그럼 날씨도 더운데 우리는 저 그늘 아래서 더위나 식혀야겠구나. 꼬마대장! 빨리 적군을 무찌르도록 하시오."

양반이 호탕하게 웃자, 순신은 낯빛을 고치더니 나무칼을 거두고 양반에게 깍듯하게 예를 올렸다.

"무례한 점 사과드립니다. 그러나 비록 놀이라 하더라도 전쟁에서는 물러서지 않는 게 제 철칙이랍니다."

순신이 몸을 돌려 아이들이 있는 곳으로 달려가자 성룡도 그 뒤를 따랐다. 천천히 나무 그늘 아래로 비켜나면서 두 소년의 뒷모습을 지켜 보던 양반은 빙그레 웃었다.

"음, 참으로 영특하고 기특하구나. 저 아이들은 분명 이 나라의 기둥이 될 것이다."

그 어른의 예견대로 이순신과 류성룡은 훗날 위기에 처한 우리 나라를 구한 유명한 장군과 유명한 재상이 되었다.

2. 무과에 급제하다

    순신은 같은 마을에 사는 성룡과 매우 친하게 지냈다. 둘은 같은 글방 친구였다. 순신보다 세 살이 많은 성룡은 공부하기를 좋아하여 글을 읽고 쓰는 데 항상 열심이었다. 순신 또한 글 읽는 데는 뛰어난 편이었지만, 답답한 방 안에 앉아 글을 읽는 것보다는 밖에 나가 아이들과 신나게 뛰어다니며 벌이는 전쟁놀이를 더 좋아했다. 하지만 순신은 늘 꿋꿋한 아이였다.

    어느 가을, 순신과 성룡이 글방에 갔다오던 길이었다. 살구가 초여름 햇살에 먹음직스럽게 익어 담장 너머로 고개를 내밀고 있었다. 마침 글을 열심히 읽고 난 참이라 목이 말라 입 안엔 벌써부터 침이 고였다. 성룡은 순신에게 한쪽 눈을 찡긋해 보이더니, 큼직한 돌멩이를 주워들고 담장가로 다가가 살구나무를 향해 휙 던졌다.

    후두둑…….

    노란 살구가 땅바닥에 쏟아졌다. 성룡은 살구 몇 개를 주워 순신에게 내밀었다.

    순신은 살구를 든 성룡의 손을 내리쳤다.

"형! 이 살구는 저 집 거야. 그런데 허락도 받지 않고 어떻게 남의 것에 함부로 손을 대? 그걸 나더러 먹으라고 주는 거야. 난 그런 건 먹을 수 없어."

한참 동안 순신은 성이 난 눈초리로 성룡을 노려보았다. 뜻밖의 반응에 어안이벙벙해진 성룡은 정신이 번쩍 들었다. 순간, 성룡은 사리판단이 분명한 순신이 매우 크게 느껴졌다.

"그래, 네 말이 옳다. 내가 장난이 너무 심했구나. 내가 잘못했으니 화를 풀으렴."

성룡은 이렇듯 옳고 그름이 분명한 순신의 꿋꿋한 인품을 더욱 사랑하게 되었고, 평생 동안 순신을 아껴 주었다. 뒷날, 순신을 전라좌수사로 천거한 이도 성룡이었고, 모함에 빠진 순신을 적극 변호한 이도 그였다.

하지만 서로 마음이 잘 통하던 두 친구도 아쉬운 이별을 해야 했다. 아이들이 자라면서 집안 형편이 더욱 어려워지자, 순신의 부모는 한성을 떠나기로 결심했다.

"얘들아! 집안 형편이 어려워 더 이상 여기선 살 수가 없겠구나. 그래서 외가가 있는 아산으로 이사 가기로 했단다."

나이는 어려도 속이 깊은 순신의 형제들은 부모님의 말씀에 말없이 고개를 숙였다.

순신이 떠나던 날, 성룡은 슬픈 표정으로 배웅을 해 주었다.

"순신아, 지금은 비록 우리가 떨어져 있지만 마음만은 항상 가깝게 지내자."

"응, 나도 형을 잊지 않을 거야. 형! 잘 있어."

"그래, 너 꼭 훌륭한 대장이 돼야 한다."

"형도 꼭 훌륭한 정승이 돼야 해!"

성룡은 떠나는 순신의 모습을 오래도록 지켜 서서 바라보았다.

한성을 떠난 순신이 도착한 곳은 지금의 현충사가 있는 충남 아산군 뱀밭골이었다.

마을 뒤로는 방화산이 버티고 있고, 앞으로는 끝없는 논밭이 시원스레 펼쳐져 있는 뱀밭골에서 순신은 물을 만난 고기처럼 마음껏 전쟁놀이에 빠져들었다. 처음에는 한양샌님이라고 얕보던 동네 아이들도 순신의 뛰어난 지략과 힘을 보고는 곧 대장이라 부르며 따르게 되었다.

그러나 매일 격렬한 전쟁놀이로 아이들은 멍이 들고, 무릎이 벗겨지고, 팔이 부러져 집으로 돌아갔다. 이를 보다 못한 동네어른들은 순신의 집으로 몰려와 따지기도 하고, 제발 장난 좀 그만 치라고 부탁도 했다. 옆에서 가만히 지켜 보시던 부모님도 순신이 행동이 너무 지나치다는 생각이 들었다.

하루는 순신의 아버지가 조용히 순신을 불렀다.

"순신아, 앞으로 너는 무엇이 되고 싶으냐?"

"대장입니다, 아버지."

"흐음, 그럼 대장이 되려면 무엇이 필요하지?"

"용기와 지혜입니다."

순신은 자신의 생각을 또렷한 목소리로 말했다.

"그래, 그럼 지혜는 어떻게 얻는 것이냐?"

어려운 질문이었다. 순신도 거기까지는 미처 생각을 해 보지 못했던 터라 선뜻 대답을 하지 못했다. 이런 순신을 지그시 바라보던 아버지는 인자한 목소리로 말했다.

"지혜는 바로 옛 조상들의 행동과 말씀이 담긴 책 속에 숨겨져 있느니라. 무작정 힘만 믿고 덤비는 것은 누구나 할 수 있는 일이야. 지혜로운 대장이 되려면 학문에 힘써야 한다. 알겠느냐!"

아버지의 말씀을 들은 순신은 자신이 글읽기를 너무 소홀히 했음을 깨달았다.

그 뒤, 순신은 전쟁놀이 못지않게 학문을 열심히 배우고 익혔다.

순신이 서당으로 가는 길 중간에는 방진이라고 하는 전직 무관의 집이 있었다. 방진의 집은 대대로 무관을 지낸 집안으로, 주인 방진 아저씨는 이 근방에서 활을 잘 쏘기로 유명한 사람이었다. 방진 아저씨는 말도 여러 마리 기르고 있었는데, 어떤 날은 말을 타고 사냥을 가는 아저씨의 멋진 모습도 볼 수 있었다.

순신은 어느덧 오고 가는 길에 담 너머로 방진 아저씨가 활 쏘는 연습을 하거나 말을 달리는 모습을 지켜 보는 일이 습관처럼 되어 버렸다.

언제나 늠름하고 씩씩한 아저씨의 모습은 어린 순신에게는 너무

나 멋져 보였다.

"나도 방진 아저씨처럼 활을 잘 쏠 수 있다면 얼마나 좋을까?"

순신은 여느 날과 마찬가지로 서당에서 돌아오는 길에 담 너머로 방진 아저씨가 활 쏘는 모습을 지켜 보며 혼잣말을 했다.

"너도 한번 쏘아 보고 싶으냐?"

넋을 잃고 보고 있는 사이 방진 아저씨는 순신이 있는 담 쪽으로 다가와 있었다.

방진은 평소 열심히 활쏘기를 지켜 보는 순신을 눈여겨 보고 있었던 것이다.

하루도 빼놓지 않고 와서 보고 있는 모습이 여느 개구쟁이답지 않게 진지해 보였다.

"내가 연습을 하고 있을 때면 언제나 네가 와서 보고 있더구나. 너도 활쏘기를 좋아하나 보지?"

"네, 전 커서 대장이 될 거예요."

"그래? 대장이 되려면 무예에 뛰어나야 하는데 넌 왜 무기는 하나도 없고 매일 책을 갖고 다니지? 책을 잘 읽는다고 대장이 될 순 없을 텐데."

"무예만 뛰어나다고 훌륭한 대장이 될 수도 없다고 아버지께서 말씀하셨습니다. 전 용기와 지혜를 갖춘 대장이 되고 싶습니다."

"허허, 듣고 보니 네 말이 옳구나. 어떠냐, 꼬마야. 너만 괜찮다면 매일 너와 같이 활쏘기 연습을 하고 싶은데. 나도 혼자서 하려니

까 영 심심하구나."

"정말이세요?"

"그럼, 정말이구말구. 아무렴 내가 장차 대장님이 될 분에게 거짓말을 하겠느냐?"

방진 아저씨의 말을 들은 순신은 뛸 듯이 기뻤다. 막대기를 휘어서 만든 장난감 활이 아니라 진짜 장수들이 쓰는 활로 연습을 할 수 있게 된 것이다.

순신은 그 뒤로 매일 방진 아저씨의 집을 찾았다. 방진 아저씨는 어린 순신에게 활쏘기와 말 타는 법을 가르쳐 주었다. 뿐만 아니라 순신이 어느 정도 말을 다룰 수 있게 되자 사냥을 나갈 때도 꼭 순신을 데리고 갔다.

슬하에 딸만 하나 두어 아들이 없는 것을 늘 아쉬워하던 방진은 순신을 아들처럼 돌봐 주었다.

날이 바뀌고 해가 바뀌어 순신은 어느덧 스무 살의 청년이 되었다. 기골이 장대하고 씩씩한 청년으로 자란 순신은 주변 고을에서 소문난 명궁이 되었다.

스무 살 되던 해, 순신은 인물이 얌전하고 예의범절이 바른 방진의 외동딸 방 규수와 혼인을 했다.

어린 시절부터 순신의 됨됨이와 능력을 알고 있던 장인 방진은, 순신이 무술 연습에만 전념할 수 있도록 돌봐 주었다. 당시 무인이 되기 위해서는 과거 시험을 치러야 했다. 순신은 장인 방진의 도움을 받으며 열심히 과거 시험에 대비하여 훈련을 해 나갔다.

스물아홉 살 되던 해, 순신은 과거 시험을 보기 위해 한성으로 떠났다.

"당신은 틀림없이 해내실 거예요. 전 믿어요. 잘 다녀오세요."

아내 방씨는 환한 얼굴로 순신을 배웅해 주었다.

언제나 힘들고 지칠 때면 따뜻한 미소로 순신을 격려해 주던 속 깊고 착한 아내였다.

'아내를 위해서라도 꼭 합격하리라.'

순신은 다시 한 번 마음을 다지며 시험장으로 향했다.

시험장인 훈련원에는 벌써부터 수많은 청년들이 과거를 보기 위해 모여 있었다. 몇 년 만에 열린 식년과(임금의 명령에 의해 특별히 열린 과거)다 보니 지원자가 더 많은 것 같았다.

첫번째 시험은 활쏘기였다. 평소 가장 자신이 있던 종목이었던 만큼 순신이 단연 일등이었다. 다음 시험은 말타기였다. 가뿐하게 말잔등 위로 오른 순신은 말고삐를 바짝 쥐고 눈 깜짝할 사이 훈련원 마당을 한 바퀴 돌았다. 그러나 마지막 장애물을 넘으려는 순간, 말의 무릎이 휘청이는가 싶더니 순신은 그대로 땅바닥에 나동그라지고 말았다. 이 모습을 지켜 보던 시험관들과 응시생들은 모두 숨을 죽이고, 죽은 듯이 누워 있는 순신을 지켜 보았다.

잠시 뒤, 순신은 간신히 정신을 차리고 일어났다. 오른쪽 다리에 심한 통증이 느껴졌다. 다리가 부러진 것이다. 순신은 가까스로 몸

을 이끌고 운동장가에 있는 버드나무 밑으로 걸어갔다. 그리고 버드나무 가지를 꺾어 부러진 다리에 대고 입고 있던 저고리의 한 켠을 찢어 잘 묶었다.

달리는 말에서 떨어져 죽은 줄 알고 숨을 죽이며 그 모습을 지켜보던 사람들이 순신의 침착함에 모두 탄성을 질렀다. 하지만 말에서 떨어졌으니 다른 시험은 치를 엄두도 내지 못했다. 순신에게 인생의 첫번째 난관에 부딪힌 것이다.

시험에 떨어진 순신은 울적한 마음으로 성룡을 찾아갔다. 성룡은 아직도 그 마을에 살고 있었다. 하지만 성룡은 예전의 글방 도령이 아닌 승지 벼슬을 하는 의젓한 관리가 되어 있었다. 성룡은 반갑게 손을 잡으며 순신을 맞아 주었다.

"정말 반가우이. 왜 이제야 날 찾았나?"

"찾아뵐 면목이 있어야지요. 아무것도 하지 않고 나이만 먹어 부끄럽기만 합니다."

두 사람은 서로 반가운 마음에 한동안 말을 잇지 못했다.

"허, 이 사람이. 우리 사이에 무슨 말을 그리 섭섭히 하나? 세상이 아직 자네 같은 큰 인물을 몰라봐서 그래. 조금만 참게. 꼭 좋은 소식이 있을 걸세."

"제 능력이 아직도 미흡한가 봅니다. 더 노력해야겠습니다."

묵묵히 성룡의 말을 듣던 순신은, 겸손하게 과거에 떨어진 것을 자신의 능력 부족으로 돌렸다. 그리고 차근차근 자신의 꿈을 향해 한 걸음씩 나아가고 있는 성룡을 보고 다시 도전할 것을 굳게 결심했다.

집으로 돌아온 다음 날부터 순신은 마음을 더욱 굳게 다지면서 밤낮으로 무술을 연마했다. 때때로 부인 방씨가 그의 뒷바라지를 하느라고 밤잠을 설치며 일하는 걸 보면 애써 다잡은 마음이 약해질 때도 있었다. 보잘것없는 자신에게 시집 와서 고운 손이 거칠어지도록 고생하고 있는 것을 보면 자신이 지금 잘하고 있는 건지 문득 의문이 생기기도 했다.

"제 걱정은 하지 마세요. 오히려 당신이 걱정이에요."

남편이 흔들리는 것을 눈치챈 부인은 오히려 환하게 웃으며 남편을 안심시켜 주었다. 착한 부인의 말 없는 내조와 주위의 격려 속에서 순신의 무술 실력은 나날이 늘어갔다.

어느덧 4년이라는 세월이 흘러 순신의 나이 서른세 살 되던 해, 드디어 과거를 본다는 방(공고)이 붙었다. 그 동안 갈고 닦아 온 실력을 마음껏 발휘할 때가 된 것이다. 별과 시험에서 순신은 당당히 4등으로 합격했다. 순신은 비록 서른세 살의 늦은 나이에 벼슬길에 올랐지만, 남들처럼 빨리 출세를 하는 것을 바라지 않았다.

그러나 순신은 오랫동안의 꾸준한 노력으로 활쏘기에서 달인의 경지에 올랐고, 치밀하면서도 강인한 성품으로 병법의 모든 경지에 올라 있었다. 그는 마치 땅 속 깊이 단단하게 뿌리를 내린 거대한 나무와도 같았다. 하지만 벼슬길에 오른 뒤에도 그의 큰 재주를 발휘할 기회는 좀처럼 오지 않았다. 강직한 성품의 순신은, 남을 헐뜯기만을 일삼는 벼슬살이에서 모난돌처럼 자주 주위의 시기와 모함을 받아야만 했다.

3. 계속되는 모함

이순신이 처음 부임한 곳은, 함경도 백두산 아래의 동구비보였다.

압록강을 넘어오는 여진족을 막기 위해 세워 놓은 보루인 동구비보. 이 곳은 몇십 리를 가도 사람을 만나기 힘든 오지 중의 오지였다. 이순신이 맡은 일은 국경 두메 산골의 수비대장이었다.

서른세 살 되던 해 겨울, 부임 명령을 받은 이순신은 혼자서 말을 달려 동구비보로 향했다. 변방의 겨울은 다른 곳보다 유난히 매섭고 추웠다. 아산에서부터 정신없이 말을 달려 동구비보에 도착한 이순신은 피곤한 중에도 좀처럼 잠을 이룰 수가 없었다. 뱀밭골에 두고 온 늙으신 어머니와 사랑하는 아내, 그리고 두 아들 회와 예는 잘 있을까?

동구 밖까지 나와 배웅해 주던 만삭이 된 아내 방씨의 모습이 눈에 아른거렸다.

"부디, 몸조심하세요."

눈물을 글썽이며 자신을 배웅해 주던 아내.

3. 계속되는 모함

결혼한 뒤 십여 년간 무술을 닦으랴, 공부하랴 생활을 돌볼 틈이 없었던 그를 옆에서 묵묵히 뒷바라지해 준 아내였다. 이제 언제 돌아갈지도 모르는데, 늙으신 어머님과 어린 아이들을 아내에게 맡겨 두고 떠나 온 이순신은 마음이 편칠 않았다.

하늘 아래 첫 동네 동구비보.

이 곳은 예부터 죄인을 귀양 보내던 곳이었다. 화전민을 빼고는 사는 사람도 없고, 사람보다는 짐승이 더 많은 이 곳에서 지낼 생각을 하니 앞날이 아득하기만 했다. 이 생각 저 생각으로 밤새 뒤척거리던 이순신은 새벽녘이 되어서야 겨우 눈을 붙일 수 있었다. 그러나 모든 것은 마음먹기 나름이었다. 이순신은 늘 그에게 주어진 상황에서 최선을 다하였다.

'이런 곳이라야 나의 능력을 시험해 볼 수 있겠지. 이렇게 작은 오지도 잘만 다스리면 훌륭한 요새가 될 거야. 큰일을 하려면 우선 이런 작은 일부터 차근차근 해내야 해.'

이순신은 스스로 마음을 다지며 다음 날부터 모든 일을 하나씩 하나씩 바로잡아 가기 시작했다. 무너진 성을 보수하고 무기들을 정비했으며, 들짐승처럼 제멋대로 활을 쏘는 병사들에게 활쏘기를 가르쳐 주었다. 병사들은 거친 곳에서 지내다 보니 말투나 행동은 거칠었지만 마음은 그지없이 순박하고 착했다.

그들의 눈에 비친 이순신은 이제까지의 대장과는 다른 사람이었다. 그 동안 보아 온 다른 대장들은, 이 곳에서 빠져 나가기 위해 높은 사람에게 뇌물을 바치기에 급급해할 뿐 국경 수비는 아랑곳하지 않았는데 이순신은 묵묵히 자신의 맡은 일을 충실히 했다.

그런 이순신을 병사들은 진심으로 믿고 따랐다. 그러나 몇 년간 아무 일 없이 놀고 먹던 자신들에게 갑자기 고된 훈련을 시키는 것을 좋아할 리 없었다.

"갑자기 이게 무슨 난리람. 당장 오랑캐가 쳐들어오는 것도 아닌데……."

"그러게나 말이야. 훈련이 보통 힘든 게 아니더라구."

그러나 시간이 흐를수록 금세 무너질 것만 같은 성벽은 단단한 철옹성으로 탈바꿈하였고, 마구잡이로 날뛰던 병사들도 제법 규율을 갖추게 되었다.

이런 변방의 변화는 임금의 귀에까지 전해졌다. 그 공을 인정받은 이순신은 2년간의 임기를 마치고 1579년 2월, 훈련원의 봉사로 임명되어 다시 한성으로 오게 되었다. 훈련원은 예전에 그가 무관시험을 보다 말에서 떨어져 다리를 다친 곳이기도 했다.

'시험을 보기 위해서가 아닌 당당한 관리로서 훈련원에 다시 오게 된 것이다.'

이순신은 감회가 새로웠다. 이순신이 맡은 일은 훈련원의 가장 말단직으로 인사 업무를 담당하는 것이다.

훈련원으로 부임한 지 몇 달이 지났을 때였다. 이순신은 병조 정랑(지금은 차관보 또는 국장급) 서익으로부터 전갈을 받았다. 친척

중 한 사람을 서열을 뛰어넘어 승진시키려 하니 이에 필요한 서류를 갖추어 보내라는 것이다.

"서열을 무시하고 진급을 시킨다면 원래 진급을 해야 할 사람은 진급을 하지 못하게 됩니다. 저는 이렇게 불공평한 인사 발령에는 따를 수가 없습니다."

이순신은 서익의 명령을 따르지 않았다.

"감히 내 명령을 거역하다니!"

서익의 노여움을 산 이순신은 병조로 불려가 섬돌 아래 무릎을 꿇려서 호되게 문책을 당했다. 그러나 이순신의 마음은 흔들리지 않았다. 이렇듯 눈앞의 이익보다는 원칙을 중요하게 여기는 이순신은, 어떠한 명령도 그 원칙에 벗어날 경우에는 자신의 주장을 굽히지 않았다. 하지만 그의 강직한 성품은 그의 벼슬살이를 힘들게 만들었다. 그 일이 있은 직후, 이순신은 충청병사의 군관으로 좌천되었다. 이는 훈련원 봉사로 부임한 지 불과 8개월 만의 일이었다.

그러나 서익과의 악연은 여기에서 끝나지 않았다. 훗날, 이순신이 수군만호로 승진되어 발포(지금의 전남 고흥군 도화면)로 가게 되었을 때, 마침 서익이 조정에서 보낸 검열관이 되어 내려오게 되었다. 평소 이순신에 대해 좋지 않은 감정을 품고 있던 서익은 발포의 군사 정비 상태가 엉망이라는 거짓 보고서를 작성하여 조정에 올렸다. 이에 이순신은 발포의 만호직에서 파직되고 말았다.

이순신의 죽마고우 류성룡은, 이렇게 불운한 이순신의 관직 생활을 항상 안타깝게 여겨서 이순신이 어려움에 처할 때마다 시간을 내어 찾아와 위로해 주었다.

"이보게, 순신. 너무 상심 말게. 자네의 뛰어난 능력이 발휘될 날이 꼭 있을 걸세. 그 때까지 조금만 참게나."

"아닙니다. 제 수양이 모자란 탓으로 일어난 일입니다."

류성룡의 위로는 이순신에게 큰 힘이 되어 주었다.

하루는 이순신이 파직당해 집에 있는데 류성룡이 찾아왔다. 언제나 의젓하고 당당하던 평소의 모습과는 달리 류성룡은 몹시 망설이며 쉽게 말문을 열려 하지 않았다.

"무슨 일이신데 그토록 주저하고 계십니까? 답답하니 말씀 좀 해 주십시오."

"자네, 이조판서 대감을 만나 뵙지 않겠나. 대감께서 자네를 꼭 한 번 보았으면 하시는데……."

이순신은 류성룡의 마음을 짐작하고 있었다. 당시 관리들의 인사를 관장하는 이조판서 이율곡의 힘을 빌어 이순신을 다시 복직시켜 보려는 뜻에서 류성룡이 힘을 쓰고 있는 것이 분명했다. 이순신 또한 당시 높은 인품과 학문으로 이름난 율곡 선생을 꼭 한 번 뵙고 싶었다. 하지만 이순신은 류성룡의 제안을 정중하게 거절했다. 비록 파면당하여 관직이 없으나 윗사람의 힘을 빌어 벼슬을 얻고 싶지는 않았다.

"대감의 뜻은 고맙지만 지금은 뵙지 않는 것이 좋을 듯합니다. 율

곡 선생은 저와 같은 덕수 이씨이고, 그분의 학문과 인품을 사모하는 마음으론 꼭 뵙고 싶지만, 그분이 이조판서로 있는 한 뵐 수가 없습니다. 혹 그분께 누가 될까 두렵습니다."

"알겠네. 내 그럴 줄 알았네. 내가 괜한 말을 꺼냈군. 허허, 없었던 얘기로 하세."

늘 이순신에게 울타리가 되어 주는 류성룡.

그는 여러 모로 뛰어난 이순신이 아직도 제 길로 가지 못하는 게 안타깝기만 하였다. 이순신도 이렇듯 자신을 위해 마음을 써 주는 류성룡에게 무척 미안했다.

"대감, 언젠가는 이 은혜 꼭 갚을 날이 있을 겁니다."

"부디 그렇게 되길 바라네."

두 사나이의 가슴에는 더욱더 진한 우정과 믿음이 피어 오르고 있었다.

이순신의 나이 마흔두 살 되던 해인 1586년 8월, 이순신은 조산보 만호직과 녹둔도 둔전관을 동시에 겸하게 되었다. 녹둔도는 두만강이 바다로 흘러 들어가는 어구에 있는 삼각주로, 땅이 비옥하여 이주민들이 들어와 농사를 짓고 있었다.

녹둔도 둔전관이란, 이 섬의 농장을 관리하고 개척민들을 보호하는 벼슬 이름이었다. 녹둔도는 이순신이 있는 조산보로부터 이십여 리쯤 떨어진 외딴 섬으로 수비 병력이 부족하여, 만일 여진족이라도 공격해 온다면 수비가 매우 곤란한 지역이었다.

이 곳의 지형과 형편을 알아본 이순신은 곧 직속상관 북병사 이일에게 공문을 보내 수비 병력을 더 보충해 줄 것을 요청했다. 그러나 수차례의 지원 요청에도 이일은 들은 체도 하지 않았다.

할 수 없이 이순신은 나무를 깎아 만든 방어용 목책을 세우고, 병사 10여 명씩 교대로 보초를 서게 했다. 그리고 나머지 병사들은 농사일을 거들게 했다.

1587년 가을, 녹둔도에는 오랜만에 대풍이 들었다. 이순신은 한편으로는 기쁘면서도 한편으로는 불안했다. 녹둔도의 풍작 소식이 강 건너 여진족의 귀에 들어가게 되면 식량이 부족한 여진족들이 혹시 곡식을 빼앗으러 쳐들어올지도 모르기 때문이었다.

"제발, 겨울까지는 아무 일 없어야 될 텐데……."

그렇게 걱정하며 조산보에서 공무를 보고 있는데 말발굽소리가 요란하게 들렸다. 보초를 서고 있던 병사였는데, 그는 숨이 넘어갈 듯이 소리쳤다.

"큰일났습니다. 오랑캐들이 마을을 습격했습니다."

"뭐라고! 어서 병사들을 소집하라. 그리고 다른 사람들은 내 지시가 있을 때까지 기다리도록 하여라."

병사들이 모이자 이순신은 급히 병력을 이끌고 녹둔도로 향했다.

녹둔도는 이미 아수라장이 되어 있었다. 사송아가 이끄는 여진족의 날쌘 기병부대는 안개가 자욱한 틈을 타 녹둔도를 급습했고, 녹둔도의 수비 거점인 목책을 에워싸고 공격해 왔다. 목책 안에서 지키고 있던 수비군들은 힘을 다해 막았지만, 워낙 많은 오랑캐들을 당해 낼 수가 없었다. 적들은 경비가 소홀한 가장자리 목책을 무너뜨리며 물밀듯이 넘어왔다.

이순신이 목책 가까이 도착했을 때는 적들은 이미 마을을 쑥대밭으로 만들어 놓은 뒤였다. 그들은 말을 훔쳐 우리 양민들에게 쌀을 지게 하고 말을 탄 뒤, 자기들의 땅으로 돌아가려고 하는 중이었다. 이순신은 적들이 돌아가는 길목에 미리 병력을 배치시켜 놓고 적들이 지나가기를 기다렸다. 우리 병사들이 숨어 있는 것을 모르는 적들이 방심한 채 길목을 지나가자, 이순신은 활로 신호를 보내어 공격하도록 지시했다.

"쏴라!"

갑작스런 화살 공격을 받자 적들은 당황하여 뿔뿔이 흩어졌다.

이순신은 붉은 천으로 만든 옷을 입은 적장들에게 화살을 집중적으로 발사하게 하여 우선 적의 지휘권을 빼앗았다. 장수를 잃은 적들은 더 당황하여 우왕좌왕 갈피를 못 잡다가 무조건 도망치기 시작했다. 이순신은 적들을 쫓아 내고 곡물을 지고 끌려가던 우리 양민 60여 명을 구해 냈다.

이 사건으로 우리측 병사들과 양민 수십 명이 다치거나 납치되었고 빼앗긴 곡물의 양도 상당했다. 이순신도 왼쪽 허벅지에 화살을 맞고 부상을 당했다.

그러나 이 사건으로 누구보다 당황한 것은 이순신의 직속 상관 북병사 이일이었다. 예전에 이순신이 수비 병력을 더 보내 줄 것을 요청했을 때, 이를 묵살하고 내버려 둔 책임이 있기 때문이었다. 만일 이러한 일이 조정에 알려질 경우 자신이 큰 벌을 면치 못할 것은 불을 보듯 뻔한 일이었다. 이일은 녹둔도 사건의 모든 책임을 이순신에게 뒤집어 씌워 자기가 먼저 군법으로 다스리려는 계획을 꾸몄다. 이일은 참형을 내릴 도구를 미리 병영 뜰에 갖춰 놓은 뒤, 이순신을 잡아오게 했다.

그러나 끌려온 이순신은 당당했다. 패전의 책임을 묻는 이일 앞에 예전에 자신이 수비 병력을 요청하며 보냈던 공문의 사본을 내놓은 뒤 조목조목 이일의 부당함을 지적했다. 그러자 이일은 이순신을 무조건 옥에 가두었다. 그러나 얼마 뒤, 이순신은 여진족을 물리치고 양민을 구해 낸 공이 인정되어 풀려나게 되었다.

"적을 물리친 공 또한 무시할 수 없으므로 처형을 면하노라. 그러나 녹둔도의 피해가 크므로 그 책임을 물어 백의종군하게 하라!"

옥에서 풀려난 이순신은 현직인 조산보 만호직을 수행하면서 백의종군하라는 처벌을 받게 되었다. 이순신의 일생에서 첫번째 백의종군이었다.

백의종군이란, 사형을 면해 주는 대신 죄인의 신분이 되어 군복무를 해야 하는 것이다. 보통 현직에서 해직되는 것이 보통이었으나 이순신은 조산보 만호직을 수행하면서 백의종군하게 되었으니,

이러한 처벌은 극히 드문 경우였다.

이순신이 이렇게 관대한 처벌을 받은 것은 함경도 순찰사 정언신의 배려가 있었기 때문이었다. 정언신은, 녹둔도 사건을 조사해 본 결과 이순신에게는 죄가 없음을 알고 조정에 아뢰어 관대하게 조처해 준 것이다. 이 일이 있은 뒤, 이순신은 평생 동안 정언신을 스승으로 모시게 되었다.

정언신의 배려로 이순신은 무사히 조산보 만호의 임기를 마쳤지만 새로운 관직을 얻지 못하고 고향으로 돌아오게 되었다. 다시 관직을 얻지 못한다면 그의 무관 경력은 여기서 끝날 수도 있었다.

벼슬길에 오른 지 10여 년. 돌아보면 파직과 좌천, 다시 복직과 파직이 반복되던 한시도 편할 날 없던 고단한 날들이었다. 이제 변변한 벼슬 하나 없이 쓸쓸하게 돌아왔건만, 고향은 따뜻하게 그를 맞아 주었다.

"여보, 고생 많으셨죠. 당분간 푹 쉬세요."

"당신 볼 낯이 없구려."

"아니에요. 나라에서도 언젠가는 당신의 나라 사랑하는 마음을 알게 될 거예요."

부인 방씨는 진심으로 이순신을 위로해 주었다. 이순신은 참으로 오랜만에 몸과 마음이 편안해짐을 느꼈다.

그러나 이러한 휴식도 잠시뿐, 곧이어 이순신은 폭풍과도 같은 역사의 거센 물결을 맞이해야 했다.

4. 드디어 전라좌수사가 되다

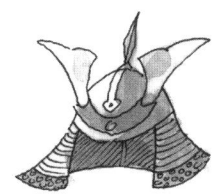

"정말 큰일이네. 아무래도 왜구들의 움직임이 심상치가 않아."

아산 뱀밭골에 있는 이순신을 찾아온 류성룡은 그 동안 있었던 이런저런 바깥세상 이야기들을 털어놓으며 한숨을 내쉬었다. 지난달에는 일본에서 도요토미 히데요시가 일본 천하를 통일한 것을 축하해 달라고 우리 조선의 통신사 파견을 요청하는 일본 사신들이 한 차례 다녀갔고, 이보다 앞서 1587년에는 왜구들이 대대적으로 녹도를 침범해서 녹도만호 이대원을 죽이고 많은 수군 병사들을 납치해 가는 사건도 있었다고 한다.

이야기를 듣는 이순신의 마음은 점점 더 무거워졌다. 뚜렷하게 드러나지는 않아도 무슨 일인가 벌어지고 있는 것임에 분명했다. 이러한 때 고향 마을에 들어앉아 아무것도 할 수 없는 자신의 처지가 생각할수록 답답하기만 했다.

이순신이 고향 마을에 돌아오게 된 다음 해인 1589년 1월, 비변사(정치와 군사에 관련된 일을 맡아서 처리하던 관청)에서는 왜구에 대한 방비를 강화하기 위해 실력 있는 무관들을 추천하도록 하였다. 또한 경상도, 전라도, 충청도의 지방관들을 무관 출신으로 교체하기 시작했다.

이순신은 정언신(당시 병조판서)과 이산해(당시 이조판서)에 의해 추천되었으나 벼슬은 얻지 못했다.

전라도 순찰사로 임명된 이광은 일찍부터 이순신의 인물됨을 잘 알고 있었다. 이순신이 벼슬을 잃고 지내는 것을 안타깝게 여긴 이광은, 이순신을 자신의 군관 겸 조방장(순찰사의 군사보좌관)으로 임명해 줄 것을 조정에 요청했다. 이 요청은 받아들여졌고 이순신은 다시 무관으로 등용되었다.

가까이서 보면 볼수록 강직하고 속이 깊은 이순신은 참으로 아까운 무관이었다. 말로 표현은 안 하지만 그 행동 속에는 앞일을 헤아리는 큰 뜻이 담겨져 있었다.

그 해 12월, 이순신은 정읍현감으로 임명되었다. 현감이란, 그 고을에서 일어나는 모든 행정과 치안을 담당하는 자리였다. 천거해 주는 사람이 없어 무과에 급제한 지 10여 년이 지나도록 수령 자리 하나 얻지 못하다가 처음으로 현감 자리에 임명된 것이다.

당시 이순신은 인근 마을인 태인의 현감 자리가 비어 있어 태인 현감 노릇까지 겸하게 되었다. 오랫동안 현감의 자리가 비어 있었기 때문에 처리해야 할 서류가 산더미처럼 쌓여 있었다. 이순신은 이 서류들을 공정하게 시비를 가려 결재를 했는데, 그 뛰어난 능력에 감탄한 백성들은, 어사에게 이순신을 자기 고을의 현감으로 발령을 내달라는 청원을 내기도 하였다.

 정읍에서 2년을 지낸 이순신은 1591년 2월(당시 마흔일곱 살), 다시 진도 군수로 발령났다.
 그러나 부임지에 미처 도착하기도 전에 가리포(지금의 전라남도 완도군 완도읍) 첨사로 발령났고, 다시 부임지로 향하는 도중에 전라좌수사로 임명되어 정읍에서 곧바로 전라좌수영으로 떠나게 되었다.
 이는 당시 우의정이며 이조판서이던 류성룡의 적극적인 추천에 의한 것이었다. 이처럼 종6품에서 정3품으로 껑충 뛰어오른 7계급 승진은, 요즘으로 말하면 중대장에서 사단장으로 일약 발탁된 셈이다. 평소에 모난 일을 하지 않던 류성룡으로서는 무모한 일이었다. 반대파 서인측에서는 계속하여 반대하는 상소를 올렸고, 사간원(임금께 진정하던 일을 맡은 간청)에서도 있을 수 없는 일이라고 들고 일어났다.
 "이순신은 하찮은 벼슬아치입니다. 아무리 나라에 인재가 없다곤 하지만 일개 현감이 어찌 좌수사를 감당할 수 있겠습니까? 천부당만부당한 일이오니 부디 통촉하여 주옵소서."
 신하들의 반대가 거세지자 당시 임금이었던 선조는 류성룡을 조용히 불렀다.
 "도대체 이순신이 어떤 인물이기에 이 반대를 무릅쓰고 추천하는

4. 드디어 전라좌수사가 되다

것이오? 소상히 들려 주시오."
"이순신은 저와 한마을에서 같이 자란 죽마고우입니다. 그는 글을 잘하여 선비의 기품을 갖추었을 뿐 아니라 꿋꿋하고 용맹한 사람으로 반드시 나라의 큰 재목이 될 것입니다."
류성룡의 말을 들은 선조는, 신하들의 빗발치는 반대를 물리치고 이순신을 전라좌수사로 임명했다. 이렇듯 선조의 류성룡에 대한 믿음은 깊고 두터웠다.
전라좌수사로 임명된 이순신은 곧바로 여수에 있는 전라좌수영으로 떠났다.
여수는 무척 아름다운 고장이었다. 높고 맑은 하늘과 새파란 바다는 평화롭고 고요하기만 했다.
'이렇게 살기 좋은 곳에서 왜구들 등쌀에 마음을 졸이며 살아야 하다니……'
저절로 가슴 한구석에서 일어나는 왜구들에 대한 적개심으로 이순신은 자신도 모르게 두 주먹을 불끈 쥐었다.
'내가 이 곳을 지키는 한, 그 누구도 결코 이 곳을 넘볼 수 없게 하리라.'
하얀 갈매기가 끼룩거리며 이순신의 눈앞으로 다가왔다가는 멀리 수평선 너머로 사라졌다.

그 무렵, 섬나라 일본은 큰 변화의 소용돌이를 겪고 있었다. 16세

기 말부터 10여 년간 지속된 전국시대를 지나는 동안, 일본 모든 지방은 침략과 방어를 위한 군사력을 키우기 위해 새로운 무기를 구하느라 혈안이 되어 있었다. 이 때 등장한 것이 바로 포르투칼 상인들이 전해 준 조총이었다.

조총은 당시로서는 엄청난 위력을 지닌 새로운 무기였다. 봉건영주들은 앞을 다투어 조총을 대량으로 구입하였다. 특히 오다 노부나가는 조총을 이용한 새로운 전법을 개발하여 다른 지역의 전통적인 기마부대를 제패해 나갔다.

그러나 전국통일 직전, 오다 노부나가는 부하의 손에 죽임을 당하게 되고, 그의 뒤를 이어 등장한 인물이 바로 떠돌이 바늘장수 출신의 도요토미 히데요시였다.

오다 노부나가의 말먹이꾼이었던 도요토미 히데요시는, 오다 노부나가에게 절대적인 충성을 보임으로써 신임을 두텁게 받았던 사람이었다.

도요토미 히데요시는 오다 노부나가의 원수를 갚겠다는 이유로 오다 노부나가의 군대를 손에 넣은 뒤, 이어 그 군사력을 이용하여 전 일본을 통일하게 되었다.

일본을 통일하고 나자, 도요토미 히데요시에게 엉뚱한 욕심이 생겼다. 바로 명나라를 중심으로 하는 동아시아권을 다스리겠다는 망상에 빠지게 된 것이다.

도요토미 히데요시는 명나라로 가는 통로를 확보하기 위한 첫단

계로 1590년 우리 나라에 사신을 보냈다.

　조정에서는, 국교를 맺을 것을 요청하는 일본 사신의 말을 듣고 당황하여 일본의 속셈이 무엇인지 알아보기 위해 황윤길과 김성일이 주축이 된 통신사를 일본에 파견해 그 동정을 살피도록 했다. 일본에 건너가 도요토미 히데요시를 만나 보고 온 두 사람의 대답은 엉뚱하게 전혀 달랐다.

　황윤길은 황급한 말투로 일본을 경계해야 함을 주장했다.

　"도요토미 히데요시는 원숭이 같은 얼굴에 눈에는 독기가 철철 넘쳤습니다. 여러 가지로 비추어 그는 못된 일을 꾸미고도 남을 인물인 듯합니다. 그러니 우리도 병력을 길러야 합니다."

　반면 김성일은 태평스런 말투로 정반대의 주장을 했다.

　"아닙니다. 도요토미 히데요시는 키도 작고 용모도 형편없는 보잘것 없는 인물입니다. 제가 보기엔 남의 나라를 넘보거나 큰일을 계획할 사람은 아니었습니다."

　이처럼 두 사람의 말이 서로 다르자, 조정에서는 갈피를 못 잡고 우왕좌왕하게 되었다. 김성일이 아니라고 부인하긴 했지만 일본이 머지않아 큰일을 저지르리라는 것은 누구나 짐작하고 있었다.

　그래서 비변사에서는 장수가 될 만한 인재를 천거하도록 명을 내린 것이고, 류성룡은 이례적으로 이순신을 정읍현감에서 전라좌수사로 추천한 것이다.

　전라좌수사에 임명된 이순신은, 본격적으로 왜구의 침입에 대비하여 수군을 정비해 나가기 시작했다. 그러나 이순신을 비롯한 그 누구도 일본에서 비밀스럽게 추진되고 있는 무서운 음모를 눈치채지 못했다.

5. 거북선의 탄생

　이순신이 전라좌수사로 부임해 오게 된 것은 임진왜란이 일어나기 1년 2개월 전인 1591년 2월이었다. 전라좌수영 본영이 있는 여수는, 예전에 녹도 만호로 부임했을 때에 와 보고 두 번째로 와 보는 곳이었다.
　사방으로 넓게 트인 푸른 바다…….
　여수 앞바다는 변함없이 아름다웠다. 그러나 이렇듯 사방으로 거침없이 트인 바다의 어느 쪽으로 언제 왜군들이 들이닥칠지 알 수 없는 일이었다. 예전의 경험에 비추어 보면 왜구들은 경상도 지역보다는 전라도 쪽으로 침범해 오는 경우가 더 많았다.
　'아무 일도 없어야 할 텐데…….'
　하루아침에 높은 직책을 맡게 된 이순신의 마음은 무겁기만 했다. 일본에서 어떤 일이 벌어지고 있는지 알 수 없었고, 나라 안팎으로 뒤숭숭한 이 때 내려진 직책이니만큼 책임이 더욱 무겁게만 느껴졌다.
　앞으로 어떤 대비를 어떻게 해 나가야 할지도 막막했다. 섬나라

에서 나고 자란 저 왜구들은 수전(해전:바다에서의 싸움)에 있어서는 우리보다 훨씬 뛰어날 것이 아닌가?

게다가 전국시대를 거치는 동안 난폭할 대로 난폭해져 있을 것이었다. 또 들리는 소문에 의하면 저마다 새로운 무기를 구하여 재무장하고 있다고 했다.

아직 이순신은 왜구에 대해서는커녕 우리 수군에 대해서도 제대로 파악하지 못했다.

당시의 군사제도는 요즘과 같이 육해공군이 처음부터 나뉘어지는 것이 아니라 육군과 수군의 구별이 따로 없었다. 이순신은 이제까지 14년의 경력 중에 12년은 육군에서, 2년은 수군장교로 근무했다. 이러한 이순신이 수군에 대해 알지 못하는 것은 당연했다.

그는 먼저 이제까지 있었던 왜구의 침입에 대한 기록들을 차근차근 검토해 나가기 시작했다. 왜구들의 특성과 장단점을 파악하기 위해서였다.

그리고 한편으로는 흐트러진 군기를 바로잡아 나갔다. 몇 년째 큰 왜구의 침입이 없어서인지 훈련 상태도 엉망이었고, 배와 무기들도 제대로 손질이 되지 않아 형편이 없었다. 활은 줄이 끊어지거나 늘어진 것이 반을 넘었고, 포는 녹이 슬었을 뿐만 아니라 포에 쓸 화약도 제대로 마련되어 있지 않았다. 이순신은 수시로 검열을 하여 방비 상태가 나쁜 곳은 군관과 아전들에게 곤장을 때리고 교수(훈련 담당관)를 파직시켰다. 병사들이 교대할 때는 반드시 인원이 정확한지를 확인한 뒤에 돌려 보냈다. 대납(대신 출석해 주는 것) 같은 것은 절대 용서치 않았다. 그 대신 근무 기간이 끝난 군인에 대해서는 틀림없이 집으로 돌려 보냈다.

이렇듯 엄격하게 다스려 군기를 바로잡는가 하면, 정비가 잘 된 곳이나 뛰어난 병사들에 대해서는 아낌없이 칭찬을 하고 상을 주는 것을 잊지 않았다. 당시의 수군은 사회적으로 천한 직업으로 인식되어 있었다. 바다를 알고 배를 알아야 하는 특성상 육군과는 달리 수군은 대대로 세습되었다. 워낙 힘든 일이라 과거시험에서 부정행위를 저지르다 들킬 경우, 벌로 몇 년 간 수군에서 복무하도록 벌을 내릴 정도였다.

이렇듯 모두 천하게 여기는 일을 그들이라고 좋아할 리가 없었다. 대부분이 수군이라는 처지를 부끄럽게 여기고 자신들이 하는 일을 하찮게 생각하고 있었다. 이런 그들에게 주어지는 작은 칭찬 한 마디, 격려의 말은 무거운 벌보다 효과적이었다.

어느 정도 군기가 잡히자 본격적인 해상 훈련을 시작하였다. 육지에서도 마찬가지겠지만 특히 수전(바다에서 전쟁하는 것)에서 훈련 없이 싸움에 나간다는 것은 기름통을 들고 불에 뛰어드는 거나 다름없었다.

요즘같이 통신 시설이 발달하지 않았던 당시로서는 깃발이나 북 등을 이용해서 배와 배 사이에 연락을 취했고, 지휘관의 명령도 같은 방법을 통해서 병사들에게 전달되었다. 이렇게 신호를 주고받는 것이나 신호에 따라 일사불란하게 움직여야 하는 것들은 평상시 고된 훈련이 없으면 할 수 없는 것이다.

매일매일 반복되는 고된 훈련 속에서 병사들의 불만이 없는 것은 아니었다.

"매일같이 이게 무슨 고생이람. 꼭 내일이라도 누가 쳐들어올 것처럼 난리네."

"누가 아니래나."

이러는 사이 조선 수군은 잘 단련된 최고의 정예부대로 만들어지고 있었다.

이순신이 준비를 하며 가장 관심을 기울인 것은 화포(일종의 대포)와 배였다.

일찍부터 왜구들에게 시달렸던 조선은 화포의 연구를 활발하게 해 왔는데, 고려 말 최무선에 의해 발명된 이후에 발전을 거듭하여 세종 때 이르러서는 최고의 수준에 올라 있었다. 화포는 여러 종류가 있었으나 크기에 따라 천자포, 지자포, 현자포, 황자포로 나뉘었다. 사정거리는 최소 8백 보(1천여 미터)에서 2천 보(2천 5백 미터)까지 날아가는 위력을 갖고 있었다.

일본에도 대통이라 불리는 대포가 있었으나, 우리 화포에 비하면 십분의 일 정도의 성능에 불과한 수준이었다. 화포들은 주로 배에 장치되어 왜구가 쳐들어올 경우 배를 공격하는 주무기로 쓰였다. 그렇기 때문에 화포는 육군에 배치되기보다는 주로 수군에 배치되

5. 거북선의 탄생

어 있었다.

　육지에서는 활을 주무기로 하는 우리에 비해 조총을 지니고 있는 왜군이 유리하지만, 수전에서는 우리 화포가 훨씬 압도적인 힘이 있었다. 일본의 대통이 화포에 비해 뒤떨어지는 이유는, 화약 만드는 기술이 뒤떨어져 있기 때문이었다. 당시 화약제조 기술은 요즘으로 말하면 최첨단 과학기술로 국가적인 극비 사항이었다.

　당시 기술적으로 후진국이었던 일본은 이 기술을 배우기 위해 수차례 사신을 파견하는 등 많은 노력을 기울였으나, 결국 아무것도 알아내지 못했다.

　나라에서는 화약제조 기술이 새나가는 것을 막기 위해 비밀리에 작업장을 만들어 놓고 사람들의 접근을 막았다. 화약을 만드는 동안 제조공들은 병사들의 엄중한 호위 속에서 작업을 하였고, 밥도 작업장에 뚫어 놓은 구멍을 통해 들어와 그 속에서 먹을 정도로 철저히 보안 조치를 하였다.

　이순신은 조정에 수차례 공문을 보내 만일을 대비하여 화포에 쓸 화약을 지급해 줄 것을 요청했고, 한편으로는 화포를 제작해 나가기 시작했다.

　봄볕이 화창한 5월의 어느 날, 이순신은 창고에서 왜구의 침입에 대해 적어 놓은 기록을 찾던 중 허름한 문서 한 장을 발견했다. 너무 오래 되어 알 수는 없었지만, 태종 때 있었던 거북선이란 배에 대해 적어 놓은 듯했다.

'칼을 잘 쓰는 왜구들에 대비하여 몸에는 철갑을 쓰고…….'
"바로 이거다!"
이순신은 즉시 전라좌수영의 군관 나대용을 찾았다.
나대용은 일찍부터 배에 관해 많은 지식과 기술을 알고 있는 배 전문가였다.
"부르셨습니까? 사또."
"어서 오게. 이걸 좀 보게나."
이순신은 거북선에 관한 문서를 나대용 앞에 펼쳐 놓았다.
"태종 대왕 때 만들었다는 거북선이란 배에 대한 기록이네. 난 아무리 봐도 알 수 없으니, 이걸 읽고 대강의 모습이라도 좀 그려 주게나."
거북선이란 말에 나대용의 눈빛이 반짝 빛났다. 나대용도 거북선에 대한 이야기는 어렴풋이 들은 기억이 있었다. 하지만 자세한 것은 더 알 수가 없어서 안타까워하던 차였다.
거북선에 대해 설명해 놓은 문서는 배 전문가인 그에게 매우 흥미있는 것이었다. 문서를 집으로 가져온 나대용은 그 날부터 밤을 새워 가며 문서를 연구하였다. 며칠 뒤 나대용은 아예 설계도면까지 그리다가 이순신 앞에 펼쳐 놓았다.
"그렇게 특별한 것은 아닙니다. 지금 있는 판옥선(당시 조선 수군의 주력함) 위에다 쇠못을 박은 단단한 뚜껑을 씌우고, 뱃머리에 용머리를 만들어 붙이면 그런대로 비슷한 모양이 될 것 같습니다."

"그래. 그럼 나 군관이 한번 만들어 보지 않겠소?"

"사또께서 도와 주신다면 저도 한번 해 보고 싶습니다."

"좋소!"

그 날부터 전라좌수영 본영에 있는 선소(배 만드는 곳)에 있는 판옥선 위에서는 박고, 두드리고, 붙이는 작업이 밤낮으로 계속되었다. 판옥선 위에는 쇠못을 박은 이상한 뚜껑이 입혀져 갔고, 뱃머리엔 용을 닮은 머리까지 붙여졌다.

"도대체 멀쩡한 배를 놓고 뭘 하는 거지?"

"그러게나 말이야. 무슨 거북이같기도 하고…… 저게 뭘까?"

"사또가 어련히 잘 알아서 하시겠나. 좀더 두고 보세."

"그래. 사또가 하시는 일 중에 언제 허튼 일이 있었나."

거북선을 만드는 인부들조차 자신들이 무엇을 만들고 있는지 알지 못했다. 하루가 가고 이틀이 지나며 거북선은 제 모습을 갖추기 시작했다.

당시 조선 수군의 주력함은 판옥선이라는 배였다. 1500년대 중반에 개발된 판옥선은 2층집 모양으로 만들어졌다. 1층에는 노를 젓는 노꾼들이 있었고, 2층 갑판에서는 포와 활을 쏘는 전투병사들이 설 수 있도록 되어 있었다. 이 배는 두께 8센티미터가 넘는 두꺼운 나무들로 만들어져 배 자체가 무겁고, 배 밑이 평평하여 파도에 쉽게 휩쓸리지 않고 안정감이 있었다.

반면 일본배는 얇은 나무들로 만들어져 가볍고 배 밑도 유선형(U모양)으로 되어 있어 기동성이 뛰어지만, 파도가 셀 경우에는 운행이 어렵고 판옥선과 부딪혔을 때는 쉽게 부서지고 만다는 단점이 있었다.

거북선은 판옥선의 위 갑판을 철못과 철갑으로 두른 뚜껑으로 덮어서 갑판 위에 있는 전투원들을 보호하고, 또 배 위로 적들이 기어오르는 것을 막을 수 있도록 하였다. 또 뱃머리에는 용머리 모양의 포탑을 설치하여 배 앞부분에서도 안전하게 공격할 수 있도록 만들었다.

배 아랫부분에는 도깨비 얼굴을 한 귀두를 붙여 놓았다. 귀두는 충돌용 돌기로서, 당시 충돌전 위주였던 해전법에서 적선(적의 배)에 구멍을 뚫어 치명적인 타격을 가할 수 있는 무기였다. 귀두 위쪽에는 굵은 통나무를 가로질러 달아 놓았는데, 이것은 배끼리 충돌했을 때 충격을 줄이기 위한 일종의 자동차 범퍼와 같은 것이다.

거북선과 판옥선은 둘다 꼬리 부분이 위로 높이 치솟아 있음을 볼 수 있는데, 이는 적선이 접근하기 어렵도록 하고 적들이 배에 올라오는 것을 막기 위해서이다. 백병전(접근전)이 벌어질 경우 칼을 잘 쓰는 사무라이(왜구)들에 비해 활이 주무기인 우리가 불리해지기 때문이다.

이렇듯 완전무장된 거북선의 용도는 돌격전투함이었다. 거북선이 먼저 나아가 적의 배에 충돌한 뒤, 용머리와 갑판에 있는 포들로

선두 공격을 하여, 적들이 혼란에 빠진 사이에 판옥선이 적선들을 에워싸고 멀리서 함포 사격과 활로 공격하는 것이다.

요즘 우리가 흔히 보고 있는 거북선은 임진왜란 당시의 거북선과는 모양이 좀 다르다. 요즘 보는 거북선은, 임진왜란이 끝나고 200년 뒤인 정조 때 다시 만들어 진 것으로, 원래의 것보다 용머리가 길고 작아진 모습이다. 이것은 화포의 발달로 근거리 충돌전 위주의 전법이 원거리 함포전으로 바뀌었기 때문이다. 용머리에서 대포 대신 유황과 염초를 태운 연기를 내뿜을 수 있도록 하여 장식적인 역할만을 하게 되었다.

1592년 4월 12일, 드디어 세계 최초의 철갑선이 사람들 앞에 모습을 드러내게 되었다.

거북선의 진수식이 열리는 여수의 하늘과 바다는 맑고 푸르렀다.

나대용의 깃발 신호에 맞춰 거북선이 서서히 오동도 너머로 그 모습을 드러내자, 이를 지켜 보던 사람들 사이에서는 함성이 울려 퍼졌다.

"우와! 대단하구나!"

무시무시한 용머리에 철갑으로 온몸을 두른 모습은 보기에도 위협적이었다.

나대용이 오른손으로 붉은 깃발을 들어 올리자, 거북선의 입에서는 웅장한 소리가 나며 화포가 발사되었다. 이어서 거북선의 양 옆에서도 잇달아 천자총통이 불을 뿜었다.

날아간 포탄들은 비교적 정확한 위치에 가서 떨어졌다.
만족스런 결과였다. 무뚝뚝한 이순신의 얼굴에도 오랜만에 웃음이 번졌다.
"됐다. 저 거북선만 있다면 바다로 오는 적들은 문제 없다."
시험 발사를 마치고 나자, 동헌 마당에서는 큰 잔치가 벌어졌다. 이순신은 병사들과 일꾼들 한 사람 한 사람에게 술을 따라 주며 그 동안의 노고를 격려해 주었다. 의연하게 바다 위에 떡 버티고 있는 거북선을 바라보며, 조용히 앉아 있는 나대용의 모습이 저만치 보였다. 이순신은 가만히 나대용 곁으로 다가갔다.
"드디어 해냈구만. 정말 수고가 많았네."
"아닙니다. 사또가 도와 주신 덕입니다. 저야 뭐……."
이순신은 허리에 차고 있던 칼을 풀어 나대용에게 내밀었다. 무관에 오른 뒤, 지금까지 항상 몸에 지니고 다니던 그의 분신과도 같은 칼이다.
"이거 받게나……."
"어찌 제가 감히 이 칼을……."
"아무 말 말고 받게. 고맙다는 작은 선물이니 받아 두게."
칼을 전해 받는 나대용은 이순신의 깊고 뜨거운 마음을 느낄 수 있었다.
'이분을 위해서라면…… 내 목숨도 바치리라.'
나대용은 마음 속으로 굳게 다짐했다. 나대용뿐만 아니라 그 자리에 모인 모든 이들의 가슴에 이순신은 지워지지 않을 여운을 남겨 놓았다.

　시험을 마친 다음 날 아침, 이순신은 임금께 올릴 장계(보고서)를 써 나갔다.

　"……신은 일찍이 왜적의 난리가 있을 것을 걱정하여 거북선을 만들었사온데, 앞에는 용머리를 붙여 그 입으로 대포를 쏘고, 등에는 쇠못을 꽂았으며……."

　이순신이 장계를 쓰고 있을 바로 그 때, 왜군 대장 고니시 유키나가가 이끄는 왜군 2만 7천여 명을 태운 왜선들은 대마도를 떠나 부산진을 향해 서서히 다가오고 있었다. 드디어 임진왜란 7년 전쟁의 막이 오른 것이다.

6. 전쟁의 시작

1592년 4월 13일 아침.

대마도에서 부산으로 향하는 물길은 순조롭기만 했다. 파도도 높지 않고, 바람도 순풍이어서 이대로만 간다면 해질 무렵이면 목적지인 부산에 도착할 수 있을 것 같았다. 왜군의 총대장 고니시는 조선길이 처음이었지만, 조선의 사정에 대해서는 사위 대마도 도주 종의지를 통해서 자세히 알고 있었다.

대마도는 조선과 일본 사이에 위치해 있어, 조선, 일본 모두와 무역을 하고 있기 때문에 조선의 사정에 대해서는 손바닥을 보듯 잘 알고 있었다. 이를 안 왜장 고니시는 자기의 딸을 대마도 도주에게 시집 보내어 정보를 얻을 만큼 치밀한 인물이었다. 이번 작전에서 고니시가 경쟁자인 가토 기요마시를 제치고 선봉장이 될 수 있었던 것도, 조선에 대한 자세한 정보를 도요토미 히데요시에게 알려 준 공 때문이었다.

바다를 건너서 다른 나라를 공격한다는 것이 무모한 일은 아닐까 하는 걱정도 했지만, 도요토미 히데요시의 뜻은 강력했고 자신도 넘쳤다. 외국 침략은 그 동안 흩어져 있던 봉건영주들의 힘을 하나로 모을 수 있는 구심점이 될 것이고, 그들의 불만을 막을 좋은 구실이 될 수 있기 때문이다.

대군을 싣고 천천히 현해탄을 건너오는 왜선들이 맨 처음 포착된 곳은 경상도 남단 가덕도에 있는 봉수대였다.

"왜군의 배가 몰려오고 있다!"

"괜찮아. 무역선을 가지고 왜 이리 호들갑이야!"

이 곳을 지키는 병사들은 대수롭게 여기지 않았다.

부산 앞바다로 들어서는 왜군들과 제일 먼저 마주친 것은 부산진 첨사 정발이었다.

정발은 병력을 이끌고 오전에 해상 훈련을 한 뒤, 섬 위에 올라가 쉬며 사냥을 하고 있었다. 정발의 눈에 멀리서 대여섯 척의 배들이 다가오는 것이 보였다.

'울긋불긋 요란한 것으로 보니 우리 조선배는 아닌데. 그렇지, 대마도에서 오는 무역선인가 보다.'

무심코 지나치려고 할 때 길게 옆으로 펄럭이는 붉은 깃발이 정발의 눈에 띄었다. 무역선이라면 흰 깃발을 달고 있어야 한다. 붉은 깃발은 왜구(일본의 해적으로 자주 우리 나라 해안지방에 들어와 식량을 약탈해 감)들이 흔히 달고 다니는 것이었다.

"왜구다!"

정발은 병사들을 급히 배에 오르게 한 뒤 전투 준비를 했다. 왜선들이 차츰 가까이 다가오자 배 위에 타고 있는 왜군들의 모습이 확실히 보였다. 예전과는 달리 그들은 저마다 어깨에 무슨 쇠몽둥이 같은 것을 하나씩 걸치고 이쪽을 향해 겨누고 있었다. 거리가 가까워졌을 때, 몽둥이 끝에서 번쩍 불꽃이 튀며 콩볶듯 요란한 소리가 들리고 탄환이 뱃전으로 날아왔다. 갑자기 시커먼 연기가 피어오르고 매캐한 화약 연기가 코를 찔렀다.

"소문으로만 듣던 조총인 게 분명하다!"

일찍이 들어 본 적이 없는 요란한 소리에 당황한 병사들은 활시위를 당기는 것도 잊은 채 허둥거리고 있었다.

조선에도 조총과 비슷한 승자총통이라는 무기가 있었으나, 사정거리가 짧은데다 화약이 워낙 귀하기 때문에 오늘 훈련엔 가지고 나오지 않았다.

"겁 먹을 것 없다. 힘을 내서 대항하면 된다!"

정발이, 갑작스런 공격에 놀란 병사들을 진정시키고 반격을 지시하는데 옆에 있던 병사 하나가 겁에 질린 소리로 외쳤다.

"사또, 저길 보십시오!"

고개를 들어 보니 수평선 너머로 수없이 많은 적선들이 새까맣게 바다를 덮으며 다가오고 있는 것이 보였다. 이것은 일본이 전 국력을 동원해서 전쟁을 하기 위해 오고 있는 것이다.

이 소식을 당장 조정에 알려야 했다.

"배를 돌려라!"

정발은 급히 뱃머리를 돌려 포구로 돌아왔다. 자세한 내용을 쓸 여유가 없었다. 급한 대로 왜구 침입을 알리는 내용을 몇 자 적어 직속 상관 경상좌수사 박홍과 경상우수사 원균, 동래부사 송상현에게 급사를 보냈다. 곧이어 성벽에 병사들을 배치시키고 무기를 운반하여 방어 태세로 들어갔다.

잠시 뒤, 부산포구에 잇달아 왜선들이 상륙하고 선봉부대인 듯 보이는 수천 명의 왜군들이 성 앞으로 몰려왔다.

주위는 점점 어두워지고 있었다. 왜병 중 한 명이 말을 타고 성문 앞으로 달려와 뭔가를 적은 쪽지가 꽂힌 화살을 성벽 위로 쏘아 보냈다.

"우리는 조선과 싸울 뜻이 없다. 다만 명나라로 들어가는 길을 빌려 주면 서로 싸우지 않아도 될 것이다."

정발은 답장을 적어 화살로 쏘아 날려 보냈다.

"우리는 임금님의 명령이 아니면 따를 수 없다."

정발의 대답을 본 왜장은 병사들을 다시 배에 오르게 했다. 배에서 밤을 보낸 뒤 날이 밝으면 공격할 셈이다. 오늘 밤이 고비였다. 적들이 내일 아침 대대적인 공격을 해 온다면 지금 있는 병력으로는 어림도 없었다. 정발은 급히 수영으로 말을 달려 경상좌수사 박홍을 찾아갔다. 그러나 박홍은 아예 싸울 생각이 없었다.

"할 수 없지. 죽을 힘을 다해 막을 수밖에······."

정발은 육십 평생을 무관으로 살아온 노장이었다. 평생 동안 왜구들이나 여진족들과 수없이 싸워 오면서 죽을 고비를 많이 넘겼지만, 이번처럼 막막한 적은 없었다.

적군은 2만여 명인데 아군은 수백 명에 불과하니 결과는 뻔했다. 더구나 상대는 조총이라는 신무기로 무장한 잘 훈련된 부대였다. 그렇다고 싸워 보지도 않고 물러설 수는 없었다.

'사람이란 멋있게 죽을 줄도 알아야지……'

마음 속에 결심이 섰다. 차라리 죽을 각오를 하고 나니 마음이 편안해졌다. 정발은 성으로 돌아와 병사들을 격려했다.

"우리가 여기서 적들을 막지 못하면 나라의 운명이 어찌 되겠느냐? 적을 쳐부수지는 못하더라도 최후의 한 사람까지 끝까지 버티고 싸워 적들을 오랫동안 여기에 붙잡아 두어야 한다. 우리가 할 일은 그것이다. 알겠느냐?"

이튿날, 부산 앞바다에 붉은 해가 뜨자 적의 선봉부대 5천여 명은 성을 향해 몰려왔다. 적들은 3백 50호가 사는 작은 성을 겹겹이 에워싸고 조총을 쏘아대며 다가왔다.

"우리는 이미 죽음을 각오했다. 적군의 수가 많고 적음 따위는 문제가 되지 않는다!"

조준을 할 것도 없이 병사들은 적을 향해 정신없이 활을 쏘아댔다. 쓰러진 왜군의 시체를 넘고 넘어 적들이 점점 더 거리를 좁혀 왔다.

"와아!"

우리 병사들이 화살이 떨어져 수비가 허술해진 틈을 타 왜군들은 벌떼처럼 성벽을 기어오르기 시작했다.

방어벽이 무너지자 적은 순식간에 성 안으로 밀고 들어왔다. 여기저기서 우리 병사들이 총에 맞아 하나 둘씩 쓰러져 갔다.

활도 거의 떨어져 이제 마지막이라고 생각하며 활을 당기는 순간, 정발은 가슴에 살이 타는 듯한 통증을 느꼈다. 정발은 하얀수염을 날리면서 가슴을 움켜쥐고 뒤로 주춤하더니 그대로 땅에 엎어지고 말았다. 이렇게 장렬한 죽음을 맞이한 정발은 임진왜란에서 제일 먼저 순국한 장수였다.

오전 10시가 되자, 싸움이 시작된 지 네 시간 만에 성은 완전히 적의 손아귀에 들어갔다. 부산성을 손에 넣은 왜군은 별동부대를 보내어 서평포(지금의 사하)와 다대포를 공격했다. 서평포는 제대로 저항도 해 보지 못하고 왜군의 손에 넘어갔고, 다대포에서는 첨사 윤흥신이 목숨을 걸고 저항했으나 결국 함락되고 말았다.

고니시가 이끄는 주력부대는 부산진성을 진압한 뒤 그대로 동래성으로 갔다. 왜군들은 성 아래 진을 치고 야영에 들어갔다.

"동래성은 부산진성보다 길이가 두 배나 길고 성채도 높아 공격하기 어려운 곳이다."

싸움이 쉽지 않을 것으로 생각한 고니시는 공격에 앞서 큰 글씨가 적힌 널빤지를 성을 향해 높이 들어 보였다.

"싸울 테면 싸우자. 싸우지 않으려거든 길을 빌리자."

이 널빤지를 본 동래부사 송상현은 붓과 판자를 가져오게 한 뒤 큰 글씨로 써 내려갔다.

"싸워서 죽는 것은 쉬운 일이다. 그러나 길을 내주기는 어렵다."

송상현의 단호한 의지를 안 적들은 동래성을 빼앗기로 작정하고 조총을 쏘아대며 공격하기 시작했다. 성 위에서도 달려드는 적을 향해 계속해서 화살을 쏘아댔다. 병사들뿐 아니라 아녀자들도 벽돌을 깨어 던지며 열심히 싸웠다.

적의 1진이 우리 병사들의 기세에 눌려 물러가고 다시 2진이 몰려왔다.

우리 병사들도 있는 힘을 다해 막고 있는데 성 동문 쪽에서 와르르 소리와 함께 성벽이 무너지고 왜군들이 밀려 들어오기 시작했다. 적들은 순식간에 성 안으로 들이닥쳤다. 전세가 불리해지자 우리 병사들은 마지막까지 다가오는 적을 향해 칼을 휘두르며 저항했지만, 왜군의 조총과 엄청난 병력을 당해 낼 수는 없었다.

"이제 끝장이로구나!"

의연하게 병사들을 지휘하던 송상현은 하인을 시켜 집에 있는 조복(임금에게 하례할 때 입는 옷)을 가져오게 했다. 그는 성루에 올라가서 조복으로 갈아입은 뒤, 임금이 계신 북쪽을 향해 네 번 절을 올리며 울먹였다.

"나라를 지키지 못함을 용서하소서!"

그리고는 호상에 앉아 성 아래를 내려다보았다. 이제 조선 병사의 모습은 거의 보이지 않았다.

그는 마지막으로 옆에 있던 부채를 펼쳐 충주에 계신 아버지에게 남기는 시를 써 내려갔다.

달 아래 성은 외로운데
진영을 구할 길은 정녕 없구나.
임금과 신하의 의리는 무겁고 무거운데
부모와 자식의 정의는 가볍기만 하구나.

붓을 놓고 마음을 가다듬고 있는데 누군가 그의 소맷깃을 끌어당겼다. 얼마 전 사신으로 왔었던 대마도의 평조익이었다.

"사또, 성은 이미 넘어갔습니다. 어서 몸을 피하십시오."

성을 내려다보니 사방에서 불길과 연기가 치솟고 있었다. 처절하게 들려 오던 조선 병사들의 아우성도 잠잠해졌다.

"사또, 어서……!"

간곡하게 재촉하는 평조익의 손을 뿌리친 채 송상현은 눈을 부릅뜨고 꼿꼿이 앉았다. 한시바삐 이 욕된 순간에서 벗어나고 싶었다. 그 때 뒤에서 무언가 외치는 소리가 들리는가 싶더니 어깨와 머리, 등 위에 찌르는 듯한 통증이 느껴졌다. 송상현은 그 자리에서 쓰러지고 말았다.

"이자가 동래부사 송상현이냐?"

"그렇습니다."

다가온 고니시는 쓰러진 송상현을 내려다보았다.

참을 수 없는 분노로 부릅뜬 눈, 이를 악물고 있는 입에선 금방이라도 무서운 호통소리가 터져 나올 것 같았다. 고니시는 가슴이 서늘해지는 것을 느꼈다. 앞으로 조선인들이 이렇듯 목숨을 아끼지 않고 저항해 온다면…… 그 생각을 하니 앞으로 싸워야 할 날들이 까마득해졌다.

동래성을 함락시킨 왜군들은 계속해서 북쪽으로 진군을 했다.

이처럼 왜군이 침입했다는 소식이 조정에 알려진 것은 4월 17일이었다. 이미 적의 선봉부대가 부산, 동래를 거쳐 양산까지 들어온 뒤였다. 연이어 부산성과 동래성이 함락되었다는 소식이 조정에 날아들었다. 처음에는 흔한 왜구의 침입으로 생각하고 있던 조정에서도 사태의 위급함을 깨닫게 되었다.

"어쩌다 나라가 이 지경까지 오게 되었소? 장차 이 일을 어찌하면 좋겠소? 말들을 해 보시오!"

"왜적들이 더 쳐올라오기 전에 신립 장군을 내려 보내시는 것이 어떨는지요?"

신립! 일찍이 여진족을 섬멸했던 그는 그 이름만으로 모든 이들을 안심시켜 주는 당대의 영웅이었다.

"그게 좋을 것 같소!"

조정에서는 신립을 삼도순변사(총사령관)로 임명하고 출전하게 했다.

1592년 4월 23일, 신립은 급히 조직된 병사 3천여 명을 이끌고 충주로 향했다. 그는 기병전의 명수였다. 일찍이 북방에서 기병전으로 여진족을 무찔렀던 경험을 살려 이번에도 기병의 기동성을 이용해 적을 기습 공격할 작전을 세웠다.

그러나 그의 계획은 빗나갔다. 왜군에게는 전혀 본 적이 없는 조총이라는 신무기를 가지고 있었다. 그것은 활의 사정거리의 세 배가 넘는 위력적인 것이었다.

"내가 미처 조총에 대한 대비를 하지 못한 것이 한이로다!"

또 보병인 줄만 알았던 왜군은 잘 훈련된 수백여 명의 기병을 앞세우고 신립을 기다리고 있었던 것이다.

신립이 탄금대 벌판에서 왜군을 맞아 전투를 벌인 것은 4월 27일이었다.

"하늘마저 나를 도와 주지 않는구나!"

그 날따라 비가 많이 내려 탄금대가 진흙벌로 변해 말들이 제대로 달릴 수가 없어 변변한 공격조차 할 수 없었다. 신립은 최후의 수단으로 남한강을 뒤로 한 배수진을 치고 적을 맞아 싸웠지만, 2만 명의 왜군 앞에선 역부족이었다. 결국 신립은 남한강에 뛰어들어 스스로 목숨을 끊었고, 신립을 잃은 대부분의 병사들도 전사하거나 포로가 되었다.

충주의 패배 소식이 조정에 전해진 것은 4월 29일 저녁이었다.

한 가닥 희망이었던 신립이 무너지자, 선조 임금은 피난길에 오르지 않을 수 없게 되었다. 전쟁이 시작된 지 불과 보름 만에 결국 이백 년 도읍지를 버리고 떠나게 된 것이다.

그러나 피난중인 선조에게 날아든 최초의 승전 소식이 있었는데, 그것은 바로 옥포 해전의 승리를 알리는 이순신의 소식이었다.

7. 삼가 적을 무찌른 일을 아뢰나이다

    이순신이 왜군이 침입했다는 소식을 처음 알게 된 것은 왜란이 일어난 지 2일 뒤인 1592년 4월 15일 저녁이었다. 그 날은 나라의 국기일(나라의 제삿날로 공휴일)이라 이순신은 동헌에 나가지 않고 안채에 있었다.
    화창한 4월, 봄날의 해는 어느덧 구봉산 너머로 떨어지고 쟁반같이 둥근 보름달이 솟아오를 무렵이었다. 이순신이 전라좌수영 안채에 있는 사랑방에서 평복차림으로 쉬고 있는데 경상우수사 원균의 군관이 다급하게 뛰어들며 외쳤다.
    "사또, 큰일났습니다. 왜구들이 쳐들어왔습니다."
    "뭣이?"
    황급히 원균의 공문을 펼쳐 보니, 지난 4월 13일 왜선 90여 척이 부산 앞 절영도(지금의 영도)에 정박하였다고 적혀 있었다. 90여 척이나 되는 배를 이끌고 온 것을 보면 무역선이 아닌 것은 분명했다. 일본이 우리 나라에 다녀갈 수 있도록 허락된 무역선은 1년에 25척뿐이었다. 그렇다면 대대적인 왜구들의 침입이거나 일본이 전쟁을 일으키러 온 것이었다.

잠시 뒤, 다시 원균으로부터 온 한 통의 편지가 전해졌다.

"왜선 3백 50여 척이 이미 부산포 맞은편에 당도했소."

시시각각으로 변해 가는 부산의 상황이 눈앞에 펼쳐지는 듯했다.

사태가 심상치 않음을 느낀 이순신은, 즉시 직속 상관 전라감사 이광과 전라우수사 이억기에게 적의 침입을 알리는 공문을 보냈다. 조정에는 만일의 사태에 대비하여 경계 태세에 들어간다는 장계를 올렸다.

그 날 밤부터 전쟁을 알리는 북소리가 울려 퍼졌고, 여수 본영에 있는 봉화대에서는 봉화가 타올랐다. 뒤이어 관내에 있는 고을의 봉화대도 불타기 시작했고, 10여 개의 진지에서는 비상 동원령이 내려졌다.

"일본군이 쳐들어왔다! 위급한 상황에 처해 있는 나라를 구할 젊은이가 필요하다!"

경상도 진영의 위급함을 알기는 했지만, 마음대로 군사를 이끌고 전라도 지역을 벗어날 수는 없었다. 당시 군사의 동원은 왕의 명령이 있어야만 가능했다. 아무리 다른 지역에 적이 쳐들어왔다 하더라도 마음대로 관할 구역에서 벗어날 수는 없었다.

이순신은 출전 명령이 내려오는 동안, 적이 여수의 포구로 들어올 것을 대비하여 포구 입구에 쇠사슬을 치고 바닷가에 방벽을 쌓는 한편, 동원 소식을 듣고 달려온 신병들을 급히 훈련시켰다. 배와 무기를 다시 점검하도록 하고 화포에 사용될 화약도 미리 배에 싣도록 했다.

그러나 다음 날도 왕명은 내려오지 않고, 들려 오는 소식은 암담한 것들뿐이었다. 부산성과 동래성이 이미 적의 손으로 넘어갔고, 적들은 거침없이 북쪽을 향해 가고 있다는 것이었다.

마침내 27일, 선전관이 임금의 출전 명령을 가지고 왔다.

"이순신은 수군을 이끌고 경상도로 가서 경상우수사 원균을 도와 함께 적의 북상을 막도록 하라!"

이순신은 즉시 자신의 지휘 아래에 있는 배들을 4월 29일까지 여수 앞바다에 모이게 했다.

그러나 원균은 이에 앞서 갑작스런 왜군의 대규모 공격에 승산이 없을 것으로 판단하고, 경상우수영이 있는 모아포에 불을 지르고 배와 무기를 모두 바다에 가라앉힌 뒤, 휘하의 장수들과 모아포를 빠져 나왔다. 그리고는 이순신에게 구원을 요청하는 공문을 보내 왔다.

"지원군을 보내 주시오."

원균의 요청을 받은 이순신은 난감했다. 경상도의 물길에 대해서는 잘 알지도 못했고, 왕명에 따라 경상도로 가는 것은 원균의 주력 부대를 도우러 가는 것이었지 직접 나서서 싸우려는 것은 아니었기 때문이다. 그런데 원균은 배들을 모두 바다에 가라앉혔다고 하니, 이제 전라좌수영의 수군이 가진 85척의 배로 5백 척에 달하는 왜군들과 맞서야 하는 것이다. 이순신은 수하의 장수들을 진해루에 모이게 한 뒤 급히 대책회의를 열었다.

"경상도에서 구원 요청이 왔소. 어찌하면 좋을지 의견들을 얘기해 보시오."

"적의 기세가 등등한 이 때 경솔하게 움직여서는 안 될 것 같습니다. 좀더 상황을 본 뒤에 출전해야 할 것 같습니다."

모든 일에 신중한 신호는 출전을 연기하자고 주장했다. 녹도만호 정운은 이에 반대하고 나섰다.

"경상도는 이미 적의 손에 넘어갔소. 경상도도 우리 나라 땅이고 전라도도 우리 땅이오. 어찌 경상도가 우리 관하가 아니라고 하여 보고만 있을 수 있겠소. 울타리 밖의 적은 막기 쉬워도 울타리 안으로 들어온 적은 막기가 어려운 법이오. 아직 적이 전라도를 침범하지 않고 있을 때, 우리가 먼저 적을 공격해야 하오."

군관 송희립도 정운의 의견에 적극 동의하고 나섰다.

"그 말이 옳은 것 같소. 내일 당장 출정하도록 합시다."

이순신은 4월 30일을 출정일로 잡고 전라감사 이광에게 경상도의 수군 상황을 보고한 뒤 출전하겠다는 보고서를 올렸다. 이순신의 입장을 이해한 이광은, 전라우수사 이억기에게 전라좌수군을 지원할 것을 명령하자 곧 이억기로부터 공문이 왔다.

"전라우 수군을 이끌고 4월 30일 우수영(해남군 문내면)을 출항하겠습니다."

"이억기의 수군이 도착하려면 2,3일은 걸릴 것이다. 하는 수 없이 출정일을 5월 4일로 연기합시다."

이억기를 기다리는 동안 이순신은 출전에 대비한 각종 점검을 하고 함대의 진영운동과 해상훈련을 실시했다. 그리고 장수들과 작전이 개시되었을 때 사용할 군호(암호)를 정하였다. 작전일에 사용될 군호는 용호, 복병시의 군호는 산수였다.

5월 3일, 이순신은 광양현감 어영담을 불러 경상도의 수로에 대해 자세히 물어 보았다. 광양에서 나서 자란 어영담은 배를 잘 다룰 뿐 아니라 이 지역의 굴곡이 심한 물길에 대해서도 손금 보듯 환히 알고 있었다. 이순신이 이끄는 군사들 중에는 어영담 외에도 뛰어난 장수들이 많았다. 방답첨사 이순신(李純信)과 나대용, 녹도만호 정운과 같은 장수들은 이순신을 도와 역사에 길이 남을 공을 세운 뛰어난 장수들이었다.

이억기의 함대로부터는 아무런 소식이 없었다. 급박하게 돌아가는 상황에서 더 이상 지체할 수 없다고 판단한 이순신은 단독으로 출정할 것을 결심했다.

"내일 새벽에 출동한다!"

그 날 밤, 황옥천이라는 군관 하나가 진지에서 도망을 치다가 잡혀 왔다. 큰 전투를 앞두고 몹시 겁이 났던 모양이었.

이순신 앞에 끌려온 황옥천은 얼굴이 새하얗게 질려 있었다.

"네가 감히 군관의 몸으로 싸움을 코 앞에 두고 도망을 치다니.

네 한 목숨이 그렇게도 소중하더냐!"

"소인 잠시 눈이 어두워 죽을 죄를 지었습니다. 목숨만 살려 주신다면 나라를 위해 기꺼히 바치겠습니다."

"죽을 죄를 지었으면 기꺼이 죽어야 하거늘 이제 와서 사내답지 못하게 목숨을 구걸하느냐!"

"하……한 번만 용서해 주십시오."

"한 번 도망친 자는 언젠가는 또다시 도망치게 된다. 너 같은 놈이 다시 나오지 않게 하기 위해서라도 너를 살려 둘 수 없다. 여봐라! 이놈의 목을 당장 베거라!"

이순신의 서릿발 같은 목소리가 쩌렁쩌렁 울렸다.

한 명의 병사라도 아쉬운 상황이었으나 군기를 바로잡기 위해서는 어쩔 수가 없었다.

다음 날 새벽 두 시, 출발을 알리는 북소리가 고요하게 잠든 새벽 바다를 가르며 울려 퍼졌다. 전선마다 깃발이 나부끼며 이순신 함대 85척은 마침내 어둠을 뚫고 바다를 향해 나아가기 시작했다.

원균과 만나기로 약속한 당포 앞바다에 도착한 것은 다음 날 정오 무렵이었다.

원균은 아직 도착하지 않았다. 밤이 깊어 원균 휘하의 장수들이 하나 둘씩 도착하더니, 이튿날 아침에서야 원균은 배 한 척을 타고 나타났다.

"와 주어서 고맙소. 우리 함께 힘을 합해 적을 막아 냅시다."

이순신과 원균, 그리고 휘하의 장수들은 함께 싸울 것을 결의한 뒤 당포를 떠나 동쪽으로 향해 전진했다.

5월 7일 낮 12시경 옥포 앞바다에 다다랐을 무렵, 앞서 가던 척후선에서 신기전(신호용 화살)이 불을 뿜으며 날아올랐다. 적을 발견했다는 신호였다. 이순신을 비롯한 모든 함대의 수군들은 바짝 긴장하였다. 이제 벌어질 싸움은 우리 수군, 아니 우리 나라의 운명을 좌우할 만큼 중요한 싸움이기 때문이었다. 이 싸움에서 진다면 수군의 사기는 땅에 떨어질 것이고, 그렇게 되면 육군과 수군 모두 밀리게 되어 나라의 운명이 어찌 될지 알 수 없었다. 이순신은 병사들을 진정시키기 위해 급히 큰 깃발에 글을 적어 배 위로 올려보냈다.

"신중하게 행동하도록 하라!"

이순신은 휘하의 장수들을 불러 주의를 준 뒤, 함대를 전투대형으로 펼치고 옥포만을 에워싸며 다가갔다. 옥포만 선창에는 왜선 30여 척이 정박하고 있었다. 가운데는 적의 대장선으로 보이는 큰 배가 사면에 요란한 무늬들이 그려진 포장을 둘러치고 있었다. 포장 주위에는 붉은 기, 흰 기를 수없이 매단 대나무 장대들이 세워져 있었다.

멀리서 바라보니 바람에 펄럭이는 깃발들로 정신이 어지러울 정도였다. 이것은 왜군들이 1백여 년간의 오랜 전쟁에서 얻은 경험으로 상대를 제압하기 위한 방법이었다.

"조선에는 수군이 없는 모양이니 겁내지 말고 공격하라!"

옥포에 침범할 때까지 단 한 번도 우리 수군의 저항을 받아 본 적이 없는 왜군들은, 조선에는 수군이 없는 것으로 알고 방심한 채 육지에 올라가 약탈과 방화를 하고 있었다. 옥포성 안에서는 왜군들이 질러 놓은 불로 곳곳에서 시커먼 연기가 오르고 있었다. 적들은 이순신의 함대가 옥포만으로 들어서는 것을 보자, 잽싸게 배에 올라타고 포구 밖으로 나오려고 했다.

이를 지켜 보고 있던 이순신은 서서히 오른손을 들어 올리며 진격 명령을 내렸다.

"진격하라!"

이어 요란한 북소리와 함께 조선 함대는 대포의 불을 뿜으며 앞으로 나아갔다.

선봉부대는 적군이 대항할 틈을 주지 않고 적 진영 가운데로 진격해 들어갔다. 그러자 적선들은 두 패로 나뉘어 우왕좌왕하였고, 이순신의 함대는 적이 혼란한 틈을 타 적선들을 향해 화포와 화살로 집중 공격을 퍼부었다. 적들은 조총을 쏘며 대항했으나, 위력이 대단한 화포 앞에서는 힘을 못 쓰고 배에 실었던 약탈물들을 바다로 던지며 포위망을 빠져 나가려고 버둥거렸다.

이 때, 녹도만호 정운이 지휘하는 배가 달려나가 적선을 공격하여 순식간에 두 척을 침몰시켰다. 이어 흥양현감 배흥립과 광양현감 어영담 등도 나아가 적선 두 척씩을 들이받아 격파시켰다. 단단

하고 육중한 우리의 판옥선에 부딪힌 왜선들은 바위에 부딪힌 달걀처럼 깨지고 부서졌다.

이것을 본 장병들은 더욱 힘을 얻어 닥치는 대로 화포를 쏘고 들이받고 활을 쏘아댔다. 눈 깜짝할 사이 적선 10여 척이 부서져 바닷속으로 가라앉았다. 이 날의 공격으로 적선 26척이 부서져 물에 가라앉았고, 살아남은 왜군들은 남은 배를 끌고 거제도 쪽으로 달아났다. 배가 부서져 물에 뛰어든 적들은 대개는 활에 맞아 죽거나 용케 헤엄을 쳐서 바닷가 암벽으로 기어올라 도망쳤다.

"와아…… 우리가 이겼다!"

옥포의 승리는 임진왜란이 시작된 뒤 우리가 거둔 최초의 승리였다. 그 누구도 오늘의 승리는 생각지 못했다. 처음 여수를 떠날 때까지만 해도 다시 살아서 돌아올 거라고는 생각조차 하지 못했다. 병사들은 너무 기쁜 나머지 서로 얼싸안고 껑충껑충 뛰었고, 어떤 이들은 살아남은 기쁨에 눈물을 흘리기도 하였다.

이 날 전투에서 우리 함대가 부서뜨린 적의 배는 모두 26척이었고, 4천여 명의 왜군을 사살했다. 이순신의 함대가 무찌른 적군은 수군 가운데에서도 최정예 부대인 도오도오 다카도라의 수군이었다. 적의 수군의 선봉부대가 한 차례의 전투로 거의 전멸되다시피 한 것이다.

일찍이 이순신은 임금께 올린 장계에서, 우리 나라 사람은 대부분이 겁쟁이이고, 수군은 도망가는 데 선수라고 한탄한 바가 있었다. 그러나 이렇게 겁많고 도망가는 데 명수인 수군으로 적의 최정예부대를 반나절 만에 단숨에 격파시킨 것이다.

옥포 해전은 우리측의 단 한 척의 손실, 단 한 명의 인명 피해도 없는 완전한 승리였다. 이 날의 승리로 조선 수군의 사기는 하늘을 찌를 듯 높았고 왜군에 대해서도 자신감을 갖게 되었다. 그 동안 천한 직업이라 멸시받았던 조선 수군들은 겁이 많은 병사에서 용맹한 군인으로 거듭 태어났다.

한편, 피난중이던 선조 임금과 일행은, 옥포 해전의 승리를 알리는 이순신의 장계를 받아들고 기쁨의 눈물을 흘렸다. 이것은 임란 이후 우리가 처음으로 거둔 승리였던 것이다.

"전라좌도 수군 절도사 이순신 삼가 아뢰옵나이다. 우리 수군이 적의 함대를 무찌른 승전 소식을 알리기 위해서입니다……. 모든 장병들은 한마음 한뜻이 되어 죽음을 각오하고 용감히 싸웠사옵니다. 대포와 화살들의 소리는 폭풍과 우레 같았사오며 이에 맞아 죽은 적군들의 수를 헤아릴 수 없었사옵니다……."

8. 연이은 승리 – 무적의 함대

 1592년 5월 3일, 조선 육군의 아무런 저항도 받지 않고 한성으로 들어온 왜장 고니시는 당황스럽기만 했다.
 이제껏 수많은 전투를 해 보았지만, 대장이 자기 도성을 버리고 도망간 것은 처음 보았다. 이제까지의 경우를 보면, 싸움이 나면 죽을 힘을 다해 자기 성을 지키다가 도저히 이길 자신이 없으면 대장이 성 밖으로 나와서 항복을 하고 그것으로 싸움은 끝나는 것이 보통이었다.
 고니시는 당연히 조선 왕이 마지막까지 한성을 지키다가 결국은 항복을 할 것이고, 그것으로 조선과의 전쟁은 끝날 것으로 생각했다. 그러면 그 기세로 곧바로 명나라까지 진격해 명나라와 싸움을 할 계획이었다.
 그런데 막상 한성에 들어서고 보니, 조선 왕은 이미 다른 곳으로 피해 버린 것이다. 그렇다면 이제부터 조선 왕을 찾아서 항복을 받을 때까지 싸움을 계속해야 할 것이고, 그 싸움이 언제 끝날지는 하늘만이 아는 일이었다.

한성에서 보름을 묵은 고니시는 다시 북쪽으로 진격하기 시작했다. 평양성으로 몽진(피난)해 있던 선조 임금은 왜군의 북상이 계속되자, 백성들의 원망을 뒤로 한 채 다시 피난길에 오르게 되었다. 선조는 피난 다니던 당시의 참담한 심정을 다음과 같이 적고 있다.

나라는 갈팡질팡 어지러운데
충신으로 나설 이 누구인고?
또다시 떠남은 큰 계획이 있음이니
회복은 그대들에게 달려 있다.
국경이라 달 아래 슬프게 울고
압록강 강바람에 아픈 이 가슴
신하들아, 오늘을 겪고 나서도
그래도 동인, 서인 싸우려느냐?

선조 임금과 조정이 평양을 떠나기 하루 전인 1952년 5월 29일, 이순신은 1차 옥포 출전에 이어 2차 출전을 하였다. 옥포 해전을 마치고 여수의 본영으로 돌아온 이순신은 병사들을 하룻동안 편히 쉬게 하였다. 그 다음 배와 화포를 손질하고 무기들을 정비하는 등 재출전 준비로 바쁜 나날을 보냈다.
어느 정도 준비를 마치자, 전라우수사 이억기에게 6월 3일에 여수 앞바다에서 양수군들을 모이게 하자는 공문을 보내고, 출전 마무리 준비를 하였다. 그러나 5월 27일 경상우수사 원균에게서 급보가 전해졌다.

"적선 10여 척이 사천과 곤양까지 침범했소. 우리는 부득이 진영을 남해도의 노량으로 옮겼으니 급히 와서 도와 주시오."

원균의 전갈을 받은 이순신은 마음이 급해졌다. 이것은 보통일이 아니었다. 사천과 곤양이라면 전라좌수군의 관할 구역에서 불과 20여 킬로미터밖에 떨어지지 않은 곳으로 네 시간이면 갈 수 있는 가까운 거리였다. 이순신이 미처 준비를 하지 못한 사이에 적이 기습해 온다면 사태는 매우 심각해질 것이다. 이억기와 만나기로 한 6월 3일까지 기다리고 있을 여유가 없었다. 이를 막기 위해서는 적이 공격해 오기 전에 우리가 먼저 가서 치는 게 상책이었다.

5월 29일 새벽.

이순신은 23척의 전선을 이끌고 여수를 출발했다.

1차 출전 때보다 전선 한 척이 줄었으나 대신 거북선이 참가하고 있었다.

뱃머리에 우뚝 솟은 용머리에 보기만 해도 무시무시한 철갑을 두른 거북선!

함대의 병사들은 그 모습을 바라보기만 해도 마음이 든든해지는 것을 느꼈다. 지난번 여수항을 떠날 때처럼 왜군이 무섭거나 가슴이 떨리지는 않았다.

오전 9시 무렵, 이순신이 이끄는 함대는 원균과 만나기로 약속한

8. 연이은 승리 - 무적의 함대

노량 해협에 도착했다. 이순신이 원균에게서 적의 정세에 대해 듣고 있는데 왜선 한 척이 해안선을 따라 사천 선창으로 도망치고 있었다. 적의 척후선인 게 분명했다.

"당장 추격하라!"

선봉에 있던 전부장 방답첨사 이순신과 남해현령 기효근이 쏜살같이 달려나가 추격하자, 왜군들은 배도 버려 둔 채 육지로 달아났다. 뒤쫓아간 조선 병사들이 배에 올라 왜선을 불태워 버리자 조선 함대에서는 우렁찬 함성이 터져 나왔다.

병사들이 적의 척후선을 불태우는 사이 이순신은 주력함대를 이끌고 사천만 입구로 들어섰다.

사천 선창 뒤쪽에는 산이 이어져 있었는데, 산 위에는 왜군들이 벌써 상륙해 진을 세우고 있었다. 적진 중 가장 높은 봉우리에 요란한 색상의 장막이 쳐져 있었다. 왜군들이 분주하게 들락거리는 것으로 보아 왜장이 있는 곳임에 틀림없었다. 적진 아래의 선창에는 큰 적선 12척이 매여 있었다.

우리 함대가 가까이 가자 산 위에 있던 왜군들은 칼을 휘두르며 이리저리 뛰어다니면서 위협하듯 소리를 질러 댔다. 옥포 싸움 때와는 달리 매우 기세등등한 모습이었다.

이순신은 가까이 다가가 당장에라도 산 위에 있는 적을 쳐부수고 싶었다. 그러나 이 곳은 본래 수심이 얕은데다 지금은 썰물 때라 물이 빠져 있어 조선 함대의 큰 배들이 들어가기가 어려웠다. 또한 그대로 치고 들어갈 경우 적은 높은 데 있고 우리는 낮은 곳에서 싸워야 하므로 불리했다.

"적들은 우리를 얕보고 있다. 우리가 도망가는 체하면 적들은 분명히 배를 타고 우리를 쫓아올 것이다. 적들이 넓은 바다로 나온 뒤에 싸우도록 하자."

이순신은 장수들에게 작전을 설명한 뒤, 함대의 방향을 뒤로 돌려서 후퇴하는 것처럼 선창을 빠져 나갔다. 이순신의 작전은 적중했다. 조선 함대가 도망치는 것으로 판단한 산 위의 왜적들은 고함을 지르며 뛰어 내려왔다. 반은 배를 타고 쫓아오고 반은 진지 아래에서 조총을 쏘아댔다.

왜선들이 넓은 바다까지 나왔을 무렵, 마침 썰물에서 밀물로 바뀌는 때라 바닷물이 점점 밀려오기 시작하더니, 얼마 지나지 않아 선창까지 판옥선이 들어갈 수 있을 정도로 물이 차올랐다.

"뱃머리를 돌려라!"

조류의 움직임이 바뀌는 것을 보고 있던 이순신은 후퇴하던 우리 함대에게 명령했다.

유인 작전에서 공격 작전으로 바꾼 것이다.

"자, 때는 이 때다! 돌격하라!"

이순신은 판옥선 공격에 앞서 거북선이 돌격할 것을 명령했다. 명령이 떨어지자 거북선은 서서히 육중한 몸을 내밀며 앞으로 나아가서 쫓아오는 적을 향해 그대로 몸을 부딪히며 들어갔다. 순식간

에 거북선과 충돌한 왜선이 박살났다. 이어 거북선의 입에서는 포탄이 쏟아져 나왔다. 거북선의 양 옆에 설치된 천지현 황포에서도 천둥소리를 내며 포가 발사되었다.

왜군들은 조총을 쏘며 대항했지만, 탄환은 거북선의 몸에 씌워진 철갑에 부딪혀 그대로 퉁겨져 나왔고, 거북선은 끄덕도 하지 않았다. 왜군들의 눈에 거북선은 생전 처음 보는 거대하고 무시무시한 바다괴물이었다. 왜군들이 얼이 빠져 우왕좌왕하고 있는 틈에 판옥선들이 다가가서 왜선들을 에워싼 뒤, 화포와 불화살로 집중 공격을 시작했다. 왜선들은 화포에 맞아 부서진 채 하나 둘씩 바다로 가라앉기 시작했다. 불화살을 맞은 왜선의 여기저기에선 불길이 치솟아 올랐다.

이순신도 왜선 가까이 다가가서 활을 들고 배 위의 적들을 향해 힘껏 활시위를 당겼다. '피융' 하고 날아간 화살들이 정확하게 적병의 가슴에 꽂히자 적들은 그대로 고꾸라져 바다로 떨어졌다. 활을 쏘고, 화살을 재고 하는 사이 적병 너덧 명이 순식간에 피를 토하며 쓰러졌다.

다시 화살을 재어 활을 당기려는 순간, 이순신은 어깨에 불이 닿는 듯한 아픔을 느끼며 활을 떨어뜨렸다.

"앗!"

왜군이 쏜 탄환이 그의 왼쪽 어깨를 뚫고 나간 것이다. 그는 부하들이 눈치채지 못하도록 아무런 내색을 하지 않은 채 계속해서 싸

움을 지휘하였다.

적들은 조선 함대의 맹렬한 공격 앞에서 두 손을 들고 하나 둘 배를 버리고 산 위로 도망치기 시작했다.

"우와! 왜군이 도망치기 시작했다! 이 싸움은 우리가 이겼다!"

우리 수군들은 남아 있는 왜선들을 모조리 부수뜨리고 불태워 버렸다.

산 위에서 자신들의 배가 모두 불타고 바다로 가라앉는 것을 본 왜군들은 발을 구르며 소리를 질러 댔다. 그러나 바라만 볼 뿐 어찌할 도리가 없었다.

이번 싸움에서는 우리측의 부상자도 적지 않았다. 이순신 자신을 비롯하여 군관 나대용과 이설도 부상을 당했다.

지난번 옥포 싸움에서는 먼거리에서 화포로 공격했기 때문에 우리측의 피해가 적었지만, 대신 탈출해 달아난 왜선들은 반이 넘었다. 이번 싸움에서는 적들을 전멸시키기 위해 가까운 거리까지 접근해 전투를 하였다. 그 때문에 적들은 섬멸당했지만 그만큼 우리측 희생도 많았던 것이다.

싸움이 끝나자 이순신은 군관을 시켜서 살 속에 박힌 탄환을 빼도록 하였다. 무거운 갑옷을 벗자 검붉은 피가 흘러내렸다. 군관은 살 속 깊이 박혀 있는 탄환을 겨우 찾아 뽑았다.

그 때까지 이순신은 태연하게 장수들로부터 전투 보고를 받았다.

"수고가 많았다. 오늘의 승리는 모두 그대들이 열심히 싸운 결과

이다."

 탄환을 빼내자 이순신은 바닷물로 피를 씻어 낸 뒤 옷을 찢어 상처에 동여맸다. 탄환은 살뿐만 아니라 뼈까지 다치게 한 듯 어깨를 올릴 때마다 심한 통증이 느껴졌다. 부하들이 자신의 부상을 눈치 채면 걱정하여 사기가 떨어질 것을 염려한 이순신은, 애써 상처를 감추고 태연한 모습으로 부하들의 노고를 치하하고 돌아가 쉬도록 하였다.

 그 날 밤도, 또 그 다음 날 밤도 적들은 그림자조차 비치지 않았다. 수색을 마치고 돌아온 조선 함대에서는 그 날 저녁 작은 잔치가 벌어졌다. 지난번 싸움 때 적군의 배에서 나온 술을 돌아가며 마시며 승리를 축하하는 자리였다.

 이순신은 부하들을 격려해 준 뒤 일찌감치 숙소로 돌아왔다. 어깨의 통증이 심해졌기 때문이다. 초여름의 더운 날씨에다 두꺼운 갑옷을 입고 있었던 탓인지 어깨의 상처는 안으로 곪아 들어가고 있었다.

 "며칠만 쉴 수 있었으면 좋으련만……."

 이순신은 어깨의 통증으로 이리저리 뒤척거리다 새벽녘에야 겨우 어렴풋이 잠이 들었다. 다음 날 이른 아침, 이순신은 변존서의 다급한 목소리에 잠이 깨었다.

 "장군님! 당포에 적선들이 모여 있다고 합니다."

 "뭣이? 당장 닻을 올리고 출항 준비를 하여라!"

아침밥도 먹지 않은 채 이순신이 이끄는 조선 함대는 급히 당포로 향했다.

우리 함대가 당포에 도착한 것은 오전 10시경이었다.

당포는 사천과는 달리 포구 전체가 바위산 산맥으로 이어져 선창 앞바다까지 깊은 바다로 되어 있었다. 그래서 밀물 썰물 어느 때나 배를 타고 들어갈 수 있었다.

선창에는 대형 왜선 9척과 중, 소형선 12척이 매여 있었다. 그 중 가장 큰 왜선에는 2층 누각이 세워져 있었다. 누각 주위에는 붉은 장막이 쳐져 있고, 사방에는 글자들이 씌어 있었다. 누각 앞에는 붉은 양산 같은 것을 쓴 채 왜장이 앉아 있었는데, 우리 함대가 다가가도 전혀 두려운 기색이 없는 당당한 모습이었다.

왜군들 중 일부는 당포성에 들어가 분탕질을 하고 있었고, 나머지는 성 밖에 진을 치고 있다가 우리 함대가 다가서자 일제히 조총을 쏘아댔다.

조총 공격을 받은 우리 함대는 오히려 투지가 불타올랐다. 이순신은 사천에서와 마찬가지로 먼저 거북선을 향해 돌진 명령을 알리는 북을 울렸다. 거북선의 공격 목표는 적의 대장이 타고 있는 누각선이었다. 나머지 함대는 바다 어구를 학날개진(학이 날개를 편 것 같은 모양의 전투 태세)을 형성하여 포위하듯 막아 섰다.

거북선은 적의 대장이 있는 누각선을 향해 돌진해 가더니 뱃머리를 그대로 들이받은 뒤, 적장이 있는 누각을 향해 철탄을 퍼부었다.

뒤에 있던 판옥선들도 적선 가까이 접근해 쉬지 않고 화살과 철환을 섞어서 퍼부었다.

　그 때, 중위장 권준의 배가 돌격해 들어갔다. 용감한 권준이 쏜 화살 하나가 적장의 가슴에 꽂혔다. 순간 윽! 하는 짧은 비명과 함께 적장은 누각에서 굴러 바다로 떨어졌다.

　"우와, 적장이 쓰러졌다!"

　권준의 병사들이 외쳐 댔다.

　순식간에 대장을 잃은 왜군들은 당황하여 어쩔 줄 모르다가 우리 함대가 쏘아대는 화포와 화살에 맞아 픽픽 쓰러졌다. 살아남은 적들은 헤엄쳐 화살이 날아오지 않는 곳으로 도망치거나 산으로 달아났다.

　이순신이 적선을 모두 불태운 뒤 병사들을 시켜 산으로 도망친 왜군들을 쫓으려 할 때였다.

　"장군님! 왜선 20여 척이 거제에서 당포를 향해 오고 있습니다!"

　계속 좁은 당포에서 적선과 싸우는 것은 불리할 것 같았다. 그래서 급히 노를 저어 당포항을 빠져 나왔다.

　당포항에서 나오자 적선들이 저만치에서 몰려오는 것이 보였다. 그러나 왜군들은 우리 함대를 보자마자 그대로 뱃머리를 돌려 도망치기 시작했다.

　"한 놈도 남기지 말고 추격해라!"

　이순신의 명령에 따라 우리 함대가 적선들을 추격하였으나 이미 날이 어두워 찾을 길이 없었다.

창신도 앞바다에서 밤을 지낸 우리 함대가 6월 3일 새벽부터 전날에 도망친 왜선을 찾아 항해하고 있었다. 그 때 산으로 피난 가 있던 난민 하나가 산에서 내려와 적들이 거제 쪽으로 도망갔다고 알려 주었다.

이순신이 즉시 거제도를 향해 가려는데 멀리서 조선 함대가 다가오는 것이 보였다. 전라우수사 이억기가 이끄는 함대였다.

판옥선을 포함한 25척으로 이루어진 이억기 함대!

"지원군 만세!"

그 동안 전투와 추격으로 지쳐 있던 이순신 함대에서는 지원군이 오는 것을 보자 환호와 박수 소리가 터져 나왔다. 이순신도 한결 마음이 든든해지는 것을 느꼈다.

"와 주었구려."

"너무 늦어서 죄송합니다. 그 동안 혼자서 애쓰셨다는 말씀 들었습니다. 이제 저도 함께 싸우겠습니다."

"허허, 이만하면 우리도 왜군들과 싸워 볼 만하겠구려. 우리 힘을 합해 꼭 이기도록 합시다."

"열심히 돕겠습니다. 잘 이끌어 주십시오."

이제 조선 수군 함대는 전라좌수군의 전선 23척, 우수군의 25척, 원균의 3척을 합쳐 모두 51척의 대연합 함대를 이루게 된 것이다. 이제 더욱 막강해진 조선 수군 함대는, 다음 전투에서 진해 앞바다

에서 4척, 당항포에서 26척, 율포에서 6척 등 모두 36척의 왜선들을 연이어 격파하는 승리를 거두게 된다.

이 2차 출전에서 우리 함대가 격파시킨 왜선의 수는 모두 72척이었다. 배에 타고 있던 왜군 1만여 명도 거의 죽거나 부상을 입었다.

2차 출전이 있은 뒤 경상도와 전라도에서 노략질을 하던 왜군들은 모두 부산 방면으로 도망쳐 이 근방에는 얼씬도 하지 않았다. 이제 이순신의 조선 함대는, 왜군들에게 있어서는 말만 들어도 벌벌 떨게 하는 공포의 대상이 되었다. 실제로 임진왜란 중에서 이순신이 이끄는 동안 조선 수군은 단 한 번도 패한 적이 없는 무적의 함대였던 것이다.

9. 한산도의 쌍학익진

1592년 6월 16일, 평양을 점령한 왜군 총대장 고니시는 수륙 합동작전으로 명나라를 쳐들어가기 위해 남, 서쪽 바다를 통해 올라올 일본 수군을 기다리고 있었다. 그러나 일본 수군이 우리 함대의 공격을 받아 전멸당한 것을 알고는 큰 충격을 받았다.

"조선에도 그런 용맹스런 장군이 있었다니……."

한편, 일본에서 육군의 연이은 승전 소식에 기뻐하던 도요토미 히데요시도 우리 함대에게 일본 수군이 계속 패하였다는 소식은 큰 충격이었다.

처음부터 조선 수군은 생각지도 않았던 것이다. 일본 수군의 장수들까지도 앞을 다투어 육지 전투에 참가하여 공을 세우기에 바빴을 정도였다. 그런데 생각지도 않았던 조선 수군에게 뒤통수를 얻어맞은 셈이다. 이대로 있다가는 육지에 있는 왜군들까지 꼼짝없이 갇히게 될 수도 있었다.

"도대체 이순신이 누구기에 모두 그렇게들 쩔쩔맨단 말이냐? 우리 수군을 총동원해서라도 당장 이순신을 없애라!"

도요토미 히데요시는 일본에 있는 모든 배들을 동원해서 이순신을 칠 것을 명령했다.
　부산에 있는 왜장들은 즉시 1만여 명의 정예군을 뽑고 가장 성능이 좋은 전선 1백 15척을 골라 함대를 조직했다.
　선봉장은 와키자카 야스하루로 일찍이 용인 전투에서 용맹을 떨쳤던 수륙의 명장이었다. 도요토미 히데요시의 임명을 받은 그는 115척 중에서 선발된 70여 척의 정예함대를 이끌고 이순신을 치기 위해 부산을 떠났다. 그들은 이순신이 지휘하는 조선 수군을 격파하고, 금산에 와 있는 3만 명의 육군과 함께 전라도를 공격하여 함락시킨 뒤에 북상하여 수륙 합동으로 명나라를 쳐들어갈 계획을 세우고 있었다.
　그 해 6월 그믐쯤, 이순신이 2차 출전을 마치고 돌아와 식량을 비롯하여 배와 무기를 정비하고 있었다. 그 때 적의 함대가 부산을 떠났다는 정보가 들려 왔다. 이순신은 즉시 원균과 이억기에게 이 사실을 알리고 출전 준비를 서둘렀다.
　7월 4일, 전라좌수군을 이끌고 3차 출전길에 오른 이순신은, 7월 5일 이억기의 전라우수군과 합류하고, 7월 6일에는 원균의 경상우수군과 합류하여 연합 함대를 이루었다.
　이로써 또다시 거북선 2척을 포함하여 모두 54척의 대함대가 형성된 것이다.
　"적이 부산을 떠났다고 한다. 그러니 우리가 적보다 앞서 가서 거제도의 좁은 수로를 막아야 한다."

연합 함대는 간단한 훈련을 마친 뒤, 세찬 파도를 무릅쓰고 노를 저어 당포로 향했다.

7월 7일 저녁, 당포에 이르러 저녁 준비를 하고 있는데 산으로 피난 가 있던 김천손이라는 목동이 우리 함대를 보고 내려왔다.

"견내량에 왜군 배가 수십 척이나 모여 있심더. 제 두 눈으로 틀림없이 보았심더."

"배가 모두 몇 척이나 되어 보이더냐?"

"글씨……. 한 칠팔십 척은 돼 보였심더."

"알았다!"

이순신, 원균, 이억기 등 세 장군은, 날이 밝자 연합 함대를 이끌고 적을 찾아 견내량으로 향했다.

거제도 서북쪽에 위치한 견내량은 지금의 거제 대교가 있는 곳으로 폭이 좁고 암초가 많았다. 이 곳에 왜군 대장 와키자카 야스하루가 이끄는 크고 작은 함선 70여 척이 정박하고 있었다.

"당장 들어가서 무찔러 버립시다."

원균은 그대로 돌진할 것을 주장했다.

"서두르시면 안 됩니다. 견내량 해협은 싸우기에 부적절한 곳입니다. 폭이 좁은데다 암초가 많아서 덩치가 큰 우리 배들이 들어갈 경우 자유롭게 움직이지 못할 뿐만 아니라 암초에 부딪힐 위험이 많습니다."

또한 주위에 섬이 많아서 적들이 싸우다 불리할 경우 섬이나 해안으로 도망쳐 버릴 우려가 있었다.

"왜군들을 섬멸시키기 위해서는 어떻게 해서든 이들을 한산도의 넓은 바다로 유인한 뒤에 싸우는 것이 가장 좋은 방법입니다."

이 곳에서는 설사 왜군들이 한산도로 도망을 친다 하여도 무인도이기 때문에 며칠 못 가서 굶어 죽을 것이다.

이순신은 장수들에게 작전을 설명한 뒤에, 물길을 잘 아는 어영담을 시켜 전선 5,6척을 이끌고 앞으로 나가서 유인전을 펴게 했다. 그리고 원균과 이억기 함대는 견내량 입구에 매복시키고 이순신 자신은 함대를 이끌고 서서히 먼 발치에서 어영담의 뒤를 따라 견내량으로 들어갔다.

노련한 어영담은 재빨리 척후선을 뒤따라 잡은 뒤, 요리조리 움직이며 공격을 하는 것처럼 해 보였다. 견내량 안에서 이를 지켜 본 일본 함대에서는 일제히 돛이 올랐다. 왜선들은 둥둥둥 북을 울리며 2,3척씩 짝을 지어 견내량을 빠져 나왔다. 어영담은 재빨리 배를 돌려 후퇴하는 체하고, 뒤따라오던 이순신 함대도 180도 회전하여 전속력으로 빠져 나가기 시작했다. 이를 본 왜장은 우리 함대가 도망치는 것으로 알고 추격할 것을 명령했다.

"추격하라! 계속 추격하라!"

이윽고 왜선들은 견내량의 좁은 해협을 모두 빠져 나와 한산도의 넓은 바다를 가르며 쫓아오기 시작했다.

적의 함대가 모두 나온 것을 확인한 이순신은 두 손을 들어 올리며 명령했다.

"학날개진을 만들어라!"

이어 각 전선들에서는 신호를 알리는 깃발이 올랐고, 명령을 전해 받은 우리 함대는 일제히 그 자리에 멈추어 180도 회전하여 왜선을 가로막으며 양 옆으로 늘어서기 시작했다. 거북선을 중심으로 하여 전선들이 양 옆으로 늘어서 있는 모양은 영락없이 학이 날개를 펼치고 있는 모습이었다.

"왼쪽 현 발사!"

늘어선 거북선과 전선들에서는 각종 포와 불화살이 날아왔다.

"저길 보십시오!"

"음, 함정이었구나! 어서 배를 돌려라!"

그 때에야 왜군들은 함정에 빠진 것을 깨달았으나 때는 이미 늦었다. 왜선들이 방향을 돌려 후퇴하려 하자 이번에는 뒤에서 매복해 있던 이억기와 원균 함대가 역시 학익진을 형성하며 막아 섰다.

드디어 임진왜란 최대의 하이라이트인 한산도 앞바다의 쌍학익진이 펼쳐진 것이다.

"양쪽 현 모두 발사!"

"왼쪽 현 모두 발사!"

왜군들이 앞뒤로 가로막혀 꼼짝없이 포위되자, 거북선 2척이 적진 한가운데로 돌격해 들어갔다. 뒤이어 권준, 이기남, 정운, 이순신(李純信)을 비롯한 18명의 장수들이 이끄는 배들이 몰려와 들이받고, 쏘아대고 불을 질렀다. 눈 깜짝할 사이에 한산도 앞바다는 불바다가 되었다.

간신히 포위망을 벗어난 왜선 14척은 견내량 쪽으로 급히 도망쳤고, 다급해진 왜군들은 배를 버리고 한산도로 기어올랐다. 적장 와키자카 야스하루는 노가 많이 달린 빠른 배를 타고 있었기 때문에 가까스로 도망쳤으나, 나머지 부하 장수들은 전사하거나 스스로 목숨을 끊었다.

거북선 2척을 포함한 판옥선으로 왜군을 완전히 에워싼 것이다. 그리고는 천지현 황포 등 우수한 함포를 총동원하여 공격한 이 날의 쌍학익진 전법으로, 우리 함대는 73척의 왜선 중 59척을 격파시키고 일본의 최정예수군 9천여 명을 무찔렀다.

가덕도 근방에서 대기하고 있던 나머지 일본 함대는 이 소식을 듣고 그 길로 안골포로 도망치고 말았다.

다음 날 저녁, 우리 연합 함대가 칠천도에 배를 대고 쉬고 있었다. 그 때 시찰 나갔던 척후선들이 안골포에 나머지 적들이 숨어 있는 것을 발견했다는 보고가 들어왔다. 즉시 출동한 연합 함대는 날이 밝아서야 안골포에 도착하였다.

이 곳 또한 견내량과 마찬가지로 수심이 얕고 폭이 좁아 싸우기에 불리한 곳이었다. 게다가 좁은 바다 양쪽 언덕에는 적의 조총부대가 진을 치고 있어서 우리 함대가 들어설 경우 그대로 적의 사정

거리 안에 들어가게 되는 것이다.

이순신은 적들을 넓은 바다로 끌어 내기 위해 유인선 5,6척을 내보냈으나, 적들은 두려워한 나머지 나올 엄두도 내지 못하고 그냥 보고만 있었다.

이순신은 작전을 바꾸어 함대를 몇 개 부대로 나눈 뒤, 교대로 접근할 수 있는 데까지 접근하여 각종 화포로 공격하였다. 1진이 나가서 공격을 하고 돌아오면 2진이 나가고, 다시 3진, 4진이 나가서 적이 쉴 틈을 주지 않고 공격을 퍼부었다.

이러한 공격은 오전 일곱 시부터 오후 여덟 시까지 13시간 동안 계속되었다. 이 공격으로 적선의 반 이상이 부서지거나 불에 타 버렸다. 싸울 의욕을 잃은 적은 남은 배 4,5척을 버려 둔 채 육지로 올라가 숨어 버렸다.

우리 함대가 다가가서 나머지 적선들을 불태우려 하자, 이순신이 말렸다.

"이 근방에는 우리 피난민들이 많이 숨어 있는데, 배를 모두 태워 버릴 경우 적들은 육지로 올라가 우리 피난민들을 해칠 염려가 있다. 그러니 그대로 내버려 두어라. 밤이 되면 저 배를 타고 도망칠 것이다."

이순신은 멀리서 적에게 도망칠 수 있는 길을 열어 둔 채 그 날 밤을 바다 위에서 보냈다.

다음 날, 이순신이 예측한 대로 적들은 밤 사이에 남겨 둔 배를 타고 모두 도망쳐 버렸다.

이순신은 주변에 왜군이 없음을 확인한 뒤, 전라좌수영이 있는 여수를 향해 뱃머리를 돌렸다. 한산 대첩의 패배로 일본 수군은 사실상 전멸한 거나 마찬가지였다.

이로써 바다를 통해 전쟁 물자와 병력을 공급하려던 적의 수륙양병책은 완전히 좌절되었다.

"조선의 이순신 함대에 대항하는 것은 어리석은 짓이다. 누구든 이순신 함대를 만나면 도망치는 게 상책이다!"

이 전투 이후 도요토미 히데요시는 왜군들에게 이순신 함대를 만나면 싸우지 말고 무조건 도망칠 것을 명령했다.

이 무렵, 왜장 고니시 유키나가는 의주에 피난중인 선조에게 다음과 같은 무엄한 글을 보냈다.

"우리 군사 10만여 명이 서해로 오는 길이니, 이제 왕의 수레는 어디로 가시려는지요?"

그러나 고니시의 오만함도 한산 대첩의 패배로 꺾이고 말았다.

한산도 앞바다와 안골포에서 전멸당한 일본 수군이 다시 병사들을 수습하여 활동을 하게 되는데는 무려 6개월이나 걸렸다. 그 동안 육지에서는 의병들이 방방곡곡에서 일어나 왜군들에게 반격을 가하기 시작했다. 바닷길이 막히고 곳곳에서 의병들의 공격을 받아 병참선이 끊기게 된 왜군은, 결국 이듬해 봄에 모두 후퇴할 수밖에 없었다.

이순신의 연전연승, 특히 적의 최정예 수군 와키자카 야스하루의 수군을 전멸시킨 것은, 승승장구하던 왜군의 콧대를 납작하게 만들기에 충분했던 것이다.

10. 작은 영웅들

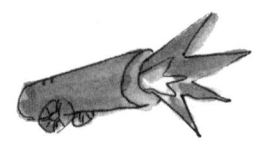

　이순신 함대가 한산도 대첩을 승리로 장식하고 여수로 돌아온 것은 1592년 7월 13일이었다. 이로써 남해안에 출몰하던 왜군은 모두 부산으로 쫓겨갔다.
　당시 부산은 왜군들의 전초 기지였고, 일본 배들이 출입할 수 있는 단 하나의 항구였다. 부산에 있는 적의 나머지 수군들을 소탕하고 부산의 수로를 막는다면, 왜군은 본국으로부터 전쟁 물자와 병력을 받을 수 없게 되어 육지에 오른 왜군들은 고립될 것이다.
　'그렇다면 이번에 왜군을 완전히 물리쳐야겠다!'
　여수 본영으로 돌아온 이순신은 부산을 공격할 것을 결심했다.
　그러나 당시 부산에 있는 왜군의 수는 7만여 명, 그리고 왜선 5백여 척이 부산을 철통같이 지키고 있었다.
　현재 조선 수군의 전선 51척으로 부산을 친다는 것은 어림도 없는 일이었다.
　이순신은 각 포구와 진에 명령하여 군량을 모아들이는 한편, 전선과 화포를 새로 제작하는 데 온힘을 쏟았다. 백성들은 전쟁 중인 어려운 상황이었지만 이순신의 뜻을 믿고 잘 따라 주었다. 한 달이 채 안 되는 동안 전선 수십 척이 새로이 꾸며졌고, 많은 화포와 총통이 제작되었다.

한편, 부족한 전력을 보강하기 위하여 20여 일 동안 고된 훈련을 실시하기도 했다.

부산과 비슷한 지형을 찾아 가상으로 적의 함대를 세워 놓은 뒤, 밤낮으로 거리를 재고 포를 쏘는 등 함대 훈련을 하는 동안에 우리 수군들은 눈에 보이도록 잘 단련된 정예군이 되어 갔다.

이렇게 하여 166척의 연합 함대를 이룬 이순신, 이억기, 원균의 함대가 부산에 도착한 것은 9월 1일 오후였다.

부산진 앞바다에는 적선 5백여 척이 정박해 있었다.

이미 날은 저물었고, 적의 기세도 만만치 않았다. 그러자 정걸을 위시한 몇몇 장수들은 일단 후퇴했다가 내일 아침 다시 공격하자고 주장했다.

그러나 녹도만호 정운은 강력히 반대했다.

"적을 칠 준비가 철저한데 무엇 때문에 내일까지 기다려야 한단 말이오."

이순신도 후퇴하는 것은 반대였다. 자칫하면 적의 기세만 올려놓을 수도 있기 때문이다.

"정공의 말이 옳소. 우리가 지금 적을 치지 않고 돌아선다면 적들은 우리를 얕보고 사기를 돋워 모두 공격해 올 것이오. 그러니 우리가 먼저 공격을 해야 하오."

이순신은 곧바로 나팔수에게 공격을 알리는 나팔을 불게 하였다.

이순신의 기함에서는 공격 신호기가 높이 올라갔다. 명령이 떨어지자 녹도만호 정운과 권준 등 다섯 명의 장수들은 쏜살같이 적진을 향해 돌격하여, 5백여 척의 왜군들이 보는 앞에서 순식간에 앞으로 나온 4척의 왜선을 박살내었다.

이를 본 조선 함대에서는 용기백배하여 기를 흔들고, 북을 치며 부산진포를 향해 돌격하기 시작했다.

그러나 왜군들은 나와 싸울 생각은 하지 않고 그 자리에서 조총만 쏘아댈 뿐이었다.

눈앞에서 자신들의 배가 산산조각이 나는 것을 보고 싸울 엄두도 나지 않았지만, 무엇보다 그들에게는 도요토미 히데요시로부터 조선 수군을 만나면 싸우지 말고 도망치라는 명령이 내려와 있기 때문이다.

적들은 산으로 올라가 6개의 진으로 분산되어 조선 함대를 향해 조총과 화살을 퍼부었다. 수만 명의 왜군이 일시에 쏘아대는 조총은 마치 우박이 내리는 것처럼 하늘을 까맣게 덮었다.

그뿐이 아니었다.

왜군들은 그 동안 육지 전투에서 빼앗은 우리 나라 화포를 세워 놓고 우리 나라 포로들을 시켜 쏘게 하였다. 그러나 이 화포들은 육지에서는 사용할 수 있지만 배에서는 사용할 수 없었다. 그것은 얇

고 가벼운 왜선들은 화포가 발사될 때마다 생기는 엄청난 진동을 견디지 못하기 때문이다. 결국 임진왜란이 끝날 때까지 왜선에서는 화포를 사용하지 못했다.

이것은 일본 수군의 치명적인 약점이었고, 결국 조선 수군과 일본 수군의 싸움은 조총과 화포의 대결이 되었던 것이다.

조선 함대도 왜군의 조총 공격에 맞서 대포와 화살을 쏘며 공격했다. 아침나절에 시작되어 저녁 무렵까지 계속된 치열한 전투로 왜선 1백여 척이 부서지거나 불타 버렸고, 왜군 사상자는 이루 말할 수 없이 많았다.

그러나 부산의 적들을 섬멸하기에는 우리 수군의 수가 너무 적었다. 어둠이 내리자 결국 조선 수군은 공격을 멈추고 돌아설 수밖에 없었다.

부산 해전은 지금까지 있었던 싸움 중에서 가장 격렬했던 전투로서 1백여 척의 왜선을 부숴 버린 대승리였다.

그러나 이 전투에서 이순신은 가장 아끼던 녹도만호 정운을 잃었다. 맨 앞에 나가 용감하게 싸우던 정운은 그만 머리에 적탄을 맞고 전사한 것이다. 정운을 잃은 이순신의 슬픔은 이만저만이 아니었다. 마치 자신의 한 팔을 잃은 것만 같았다.

부산 해전으로 1백여 척의 전선을 잃은 왜군은 다시는 바다에서 싸울 엄두를 내지 않았고, 육지로 진군하던 왜군들도 그 기세가 한풀 꺾였다.

이 날의 부산 진격으로 이순신은 많은 것을 깨달았다.

'수군만으로 부산까지 온다는 것은 매우 위험한 일이었구나. 배를 댈 곳이 마땅치 않은데다가 적을 눈앞에 두고 있는 상태에서 자칫하다간 파도와 싸우다 지칠 수도 있다. 그래서 수륙합동전이 필요한 것이구나.'

이순신이 이끄는 조선 수군의 연이은 승리는 왜군의 침략으로 사기가 땅에 떨어진 백성들에게 다시 일어설 수 있는 힘을 주었다.

조선 수군의 승전 소식은 입에서 입으로 전해졌고, 이것은 육지에 있는 백성들에게 왜군을 이길 수 있다는 용기를 심어 주었다.

이런 용기는 곳곳에서 의병을 일으킬 수 있는 계기가 되었는데, 실제로 경상도 의령에서 곽재우가 처음으로 의병을 일으켰다.

곽재우가 이끄는 의병들은, 주로 왜군들의 주요 보급로인 낙동강에 진을 치고 있다가 기습 공격을 함으로써 그들의 보급로를 끊어 놓았다.

이어서 전라도에서는 고경명이 의병을 일으켰고, 함경도에서 정문부, 충청도에서 조헌이 의병을 일으켜 용감하게 싸웠다. 또한 묘향산에서 서산대사 휴정이 이끄는 승려 의병들이 수많은 왜군들과 싸우며 많은 일화를 남겼다.

의병을 이끌었던 의병장들은 주로 유학자였거나 전직 관리인 문관 출신들로, 대부분 평소 그 지역 주민들로부터 신뢰를 받고 있던 인물들이었다.

이들은 대부분이 오랜 유교 교육을 통해 '충(忠)'의 정신을 마음 깊이 새기고 있었다.

전통적인 유교 국가이던 조선에서 나라가 위기에 처하게 되자, 유학을 평생도록 배우고 익힌 이들 유학자들이 앞장 서서 나라를 구하고 왕을 보호하기 위해 의병을 일으켰던 것이다.

의병들은 군사 지식이나 훈련, 장비 등이 부족하고 전투력은 떨어졌지만 나라를 구한다는 일념으로 온몸을 바쳐 싸웠고, 이러한 의병들은 이순신의 수군 함대와 함께 왜군들의 전력을 가장 위협하는 존재가 되었다.

임진왜란이 일어난 다음 해인 1593년에는 의병의 수가 거의 관군의 사분의 일에까지 이르게 된다.

장비와 규모가 부족한 의병 부대들이 주로 사용한 전법은 '치고 달리기', 이를테면 게릴라전이었다. 의병들은 무기나 장비가 없는 대신 자기 고장의 지형을 잘 알고 있는 장점을 살려 주로 지형지물을 이용하여 적을 공격했다. 주로 왜군들이 다니는 길목을 지키고 숨어 있다가 왜군들을 습격하여 보급품을 빼앗고 연락을 끊어 버렸다. 이것은 전에 우리 나라를 쳐들어왔던 왜구들이 즐겨 썼던 전법이었다.

조선의 수군이 그랬듯이 의병은 일본이 전혀 생각지 못했던 복병이었다.

일본은 조선의 국방력이 약하다는 것만 알고 있었을 뿐 전국에서 의병들이 일어날 것이라고는 상상도 하지 못했다.

임진왜란 7년 전쟁을 승리로 이끈 힘은 이순신 함대와 함께 의병들이 있었기 때문이다.

이순신의 조선 함대가 바다에서 적의 해상 보급로를 끊어 놓은 것이라면, 의병들은 육지에 있는 왜군들의 보급로를 끊어 놓은 것이다. 여기에다 때마침 내려온 명나라 군대의 지원으로 왜군들은 다시 물러갈 수밖에 없었다.

1592년 12월 25일, 명나라 제독 이여송은 4만 대군을 이끌고 우리 나라로 건너와, 1월 6일 고니시가 점령하고 있는 평양성에 대해 총공격을 실시했다. 3일 동안의 전투 끝에 고니시가 이끄는 일본 육군은 들어온 지 7개월 만에 후퇴하기 시작했다.

전진 기지를 빼앗긴 나머지 지방의 왜군들도 1월 30일까지 모두 한성으로 후퇴했다.

그러나 한성에 모인 왜군들은 극심한 식량난과 추위에 시달리게 되었다. 부산에 있는 식량이 한성으로 올라오는 도중 의병들의 습격을 받아 도착하지 못했던 것이다.

이러한 왜군들에게 또 한 번 타격을 가한 전투가 있었으니, 바로 권율의 행주 대첩이었다.

당시 전라순찰사이던 권율은, 전라도 관군 1천여 명을 이끌고 한성을 되찾기 위해 올라와 행주산성에 진을 쳤다.

권율이 행주산성에 왔다는 소식을 들은 왜군들은 불안했다.

행주산성은 한성과 불과 16킬로미터밖에 떨어지지 않은 곳으로 반나절이면 올 수 있는 거리였다.

왜군들은, 당시 명장으로 이름난 권율을 잡고 전세를 만회하기 위해 한성에 있던 왜군들을 총동원하여 행주산성을 공격했다.

당시 행주산성에 있던 조선군은 3천여 명이었다.

"왜군의 수는 우리 병사들의 수보다 열 배가 넘는 3만 명이지만 우리는 이길 수 있다. 자, 힘을 내자!"

권율의 격려에 힘 입은 조선군은 결사적으로 싸운 끝에 대승리를 거두었다.

이 때 아낙네들까지 치마에 돌을 담아 날라다가 적에게 던졌던 사실은 지금까지 우리에게 감동을 주고 있다.

행주산성에서 패배한 왜군들은 극도로 사기가 떨어졌다.

결국 2개월 뒤 왜군은 한성을 버리고 다시 남쪽으로 후퇴하기 시작했다. 후퇴하는 왜군들의 모습은 매우 비참했다. 그들 앞에는 배고픔과 추위라는 무서운 적이 도사리고 있었던 것이다. 왜군들에게 조선의 추위는 참을 수 없는 고통이었다.

"조선은 너무 춥구나. 더구나 추위를 막을 수 있는 두꺼운 옷도 없으니……."

그들이 조선에 올 때 입었던 얇은 여름옷이 추위를 막아 주는 유일한 바람막이였다.

일본 짚신 와라지를 신은 발은 엄동설한에 동상에 걸렸고, 손가락이 얼어붙어 조총도 제대로 잡을 수 없었다.

부산에는 도요토미 히데요시가 보낸 군량미가 3만 석이 와 있었으나, 의병들로 인해 병참선이 끊겨 하루에도 5백 명의 왜군들이 굶주림으로 죽어 갔다.

당시 왜군들의 병력수를 보면, 침략 당시 18만 명에 달하던 것이 전쟁이 일어난 지 11개월이 채 안 되어 반으로 줄었다.

도요토미 히데요시의 무모한 침략은 조선인들뿐만 아니라 자기 나라 국민의 목숨까지 무참히 앗아 갔던 것이다.

이렇듯 상황이 점점 불리해진 왜군들은 강화를 요청해 오기에 이르렀다.

이 때 등장한 인물이 중국의 장사꾼 출신 심유경이다.

명나라 신종은 조선이 구원을 요청하자 온나라에 이를 수습할 방법을 구하는 공모를 냈는데, 이 때 심유경이 강화를 주선하겠다고 나선 것이다.

가능하면 명군의 피를 흘리지 않고 왜군을 몰아 내리는 심유경과 굶어죽기 직전의 고니시 사이에 비밀 회담이 은밀하게 열렸다.

둘 사이에 이루어진 밀약 내용은 다음과 같다.

첫째, 한성에서 퇴각하는 왜군들을 명군이 추격하지 않는다.

둘째, 조선군의 추격을 막아 주는 대신 명나라 사신이 안전하게 부산까지 갈 수 있도록 한다.

셋째, 명나라 사신이 일본으로 건너가 도요토미 히데요시를 만날 수 있도록 해 주고 왜군을 조선에서 철수할 수 있도록 도와 준다.

심유경과의 강화로, 굶어죽기 직전의 왜군들은 한성을 빠져 나갈 수 있었다.

명나라와 왜군 사이에 이런 비밀 약조가 있는 줄 모르는 류성룡은, 명나라 장군 이여송을 찾아갔다.

"도망가는 왜군들을 추격해 주십시오!"

"그건 좀 곤란합니다."

이여송은 이런저런 평계를 대며 거절했다.

당시 조선군의 총사령관인 도체찰사라는 직책을 맡고 있던 류성룡은 조선군 단독으로 한강을 건너 왜군을 추격할 것을 명령했다.

조선군 추격대가 한강을 건너려 하자, 명군 대장은 조선군의 선봉장을 가두어 버리고 명군을 시켜 조선군의 추격도 훼방 놓았다.

"바로 눈앞에서 도망치는 적을 두고도 섬멸해 버릴 수 있는 기회를 놓치고 말다니……."

류성룡은 안타까움을 금할 길이 없었다.

1593년 4월말까지 남해안으로 모두 물러난 왜군은 이 곳에 견고한 왜성을 쌓고 방어전에 들어갔다. 일본으로 돌아가고 싶었으나 도요토미 히데요시는 이들의 귀국을 허락하지 않았다.

도요토미 히데요시는 전세가 불리해지자 강화를 유도하는 한편, 다른 쪽으로는 엉뚱한 계책을 세웠다. 온 전력을 모아 또 한 번 전

라도를 공격할 것을 명령한 것이다.

　전라도는 조선팔도 중 왜군들이 들어가지 못한 유일한 곳이었다. 자연히 전라도는 조선의 병참기지 역할을 하게 되었고, 이 곳에서 무기들도 새로 만들어졌다.

　도요토미 히데요시는 전라도를 차지함으로써 조선의 병참기지를 없애 버린 뒤, 다시 힘을 모아 한성으로 진격할 속셈이었다.

　도요토미 히데요시의 명령을 받은 일본 육군 10만 명은 전라도로 들어가는 입구인 진주성을 공격하는 한편, 8백여 척의 왜선을 동원하여 이순신의 조선 함대를 치기 위해 몰려왔다. 이순신이 지키는 한 전라도와 한성은 점령이 불가능했기 때문이다.

　그러나 이러한 왜군들의 작전은 또다시 실패로 돌아갔다.

　이순신은 조선 함대를 총동원하여 일본 수군의 길목인 견내량을 철통같이 막고 있었던 것이다. 역사적인 수비전인 '견내량 방어' 작전이 드디어 시작된 것이다.

11. 외로운 싸움

　1592년 9월, 왜군의 전초기지인 부산을 공격한 이순신은 왜선 백여 척을 쳐부수는 전과를 올렸다. 그러나 수군의 힘만으로 적을 섬멸한다는 것은 불가능한 일임을 뼈저리게 느꼈다.
　그 이듬해 2월, 전열을 가다듬고 또다시 부산 공격을 시도했으나, 그사이 적들은 웅포에 부산을 방어하기 위한 강력한 수군 전진기지를 세워 놓았다.
　웅포는 낙동강 입구로부터 불과 13킬로미터 정도밖에 떨어져 있지 않은 곳으로 이 곳에 기지를 세운 것은, 부산 보호와 함께 한성으로 통하는 뱃길을 확보하기 위한 것이었다. 낙동강 입구에서 한성까지는 그대로 뱃길로 연결되어 있기 때문에 왜군들에게는 혈관과도 같은 중요한 곳이다.
　1593년 6월에 있었던 제2차 진주성 전투 때도 왜군은 낙동강 수로를 통해 군수품을 대량으로 실어 날랐다.
　당시 웅포기지를 지키는 왜장은 와키자카와 구기 요시다가, 가토 요시아키 등이었다. 일찍이 이들 왜장들은 한산도 대첩과 안골포

해전에서 이순신 함대에게 참패를 당한 뒤 간신히 살아 도망쳤던 자들이다. 조선 함대의 위력을 알고 있는 이들은 절대로 포구 바깥으로 나오지 않고, 배들을 포구 깊숙이 감춰 둔 채 해안에서만 조총으로 공격해 왔다.

이순신은 수차례에 걸쳐 공격을 했으나, 육지의 적들과 숨겨 놓은 왜선들은 어찌할 도리가 없었다. 당시 수군이 상륙해 싸운다는 것은 불가능한 일이었고, 결국 육군이 공격하여 육지의 적들을 해안가로 몰아 주면 수군이 바다에서 이를 쳐부수는 길밖에 없었다.

수륙 합동전의 절실함을 안 이순신은 여러 차례 공문을 보냈다.

"수군과 육군이 힘을 합쳐 웅천에 진을 치고 있는 왜군을 물리쳐야 합니다."

그러나 육군에게는 그럴 힘이 없었다. 결국 수륙 합동전은 이루어지지 못했다.

1593년 4월 20일, 한성이 수복되었다는 소식을 들은 이순신은, 조선과 명나라 연합군이 왜군을 추격해 내려올 것으로 판단하고 이억기와 함께 연합 함대를 형성하여 다시 웅포로 향했다. 그리고 도체찰사 류성룡과 전라순찰사 권율에게 육군을 동원해 줄 것을 요청하는 공문을 보냈다. 그러나 조선군은 명군의 방해로 왜군을 추격하지 못하게 되었고, 병사 또한 마음대로 움직일 수 없는 상태였다.

그러다가 겨우 그 해 6월 1일이 돼서야 명나라의 추격 금지령이 풀리고 조선 육군과 의병들은 남하하여 의령에 모일 수 있었다. 그러나 웅포를 공격하느냐 마느냐를 놓고 의견이 분분해 시간만 보내다가 제2차 진주성 공격을 맞게 되고 말았다.

6월 22일, 도요토미 히데요시의 전격적인 명령을 받은 왜군 10만여 명은, 전라도로 들어가는 길목인 진주성을 공격하고 진주성 공격과 때를 같이하여 왜선 8백여 척은 조선 함대를 치기 위해 몰려왔다.

"조선 함대를 무찌른 뒤 견내량을 지나 진주의 육군과 합세하여 다시 한성을 빼앗아야 한다."

왜군의 야심은 대단했다. 이를 눈치챈 이순신은 1백여 척의 함대로 적의 대수군과 전면전을 벌일 경우에 이길 수 없을 것으로 판단하고 대신 이들의 길목인 견내량을 막아섰다.

견내량은 부산 방면의 일본 수군들이 남해로 들어서기 위해서는 반드시 지나야 하는 요지였다. 더구나 견내량은 폭이 좁은 바닷길이어서 적의 대군이 한꺼번에 들어설 수 없으므로, 가로막고 있다가 소규모로 들어서는 적을 쳐부순다는 계획이었다. 이순신의 작전은 이번에도 딱 들어맞았다.

왜선들은 이순신 함대를 넓은 바다로 끌어 내기 위해 갖은 수단을 동원하여 유인전을 펼쳤으나 결국 실패하였고, 철통같이 막아서는 조선 함대를 뚫지 못하여 결국 웅천 서쪽 방면으로 철군하였다. 수군의 도움을 받지 못하게 된 진주의 육군도 전라도를 눈앞에 두고 포기한 채 경상도 남해안으로 후퇴하였다. 그러나 일본 수군은

호시탐탐 남해 진출에 대한 꿈을 버리지 못하고 있었다.

이에 이순신도 견내량을 놓아 둔 채 돌아갈 경우, 언제 다시 일본 수군이 몰려올지 모르는 일이기 때문에 여수 본영으로 돌아갈 수도 없는 형편이었다.

이순신은 조정의 허락을 얻어 근처 한산도로 수영을 옮기고, 한산도에 연합 함대의 수군 기지를 세웠다.

그 해 8월의 일이었다.

"그 동안의 공로를 인정하여 이순신을 전라, 경상, 충청의 수군을 지휘하는 삼도수군통제사로 임명하노라."

이렇게 하여 삼도수군통제사가 된 이순신은, 한산도에 삼도수군 진영을 세우고, 이후 3년 8개월 동안 견내량을 물샐 틈 없이 철저하게 지켰다.

진주성 싸움을 끝으로 싸움은 오랜 휴전 상태에 들어가게 되고, 일본과 명나라 사이에는 강화 회담이 진행중이었다.

명의 심유경과 왜장 고니시는, 명나라 조정과 도요토미 히데요시를 속여 가며 어떻게 해서든지 강화를 성공시키고자 했지만 결국 실패로 끝나고 말았다.

명은 왜군을 조선과 대마도에서 완전히 철수시킬 것과 영원히 조선을 침략하지 않을 것을 요구했지만, 도요토미 히데요시는 조선 왕자가 일본에 와서 사과할 것과 한강 이남의 4개도(충청, 전라, 경상, 강원)를 일본에게 줄 것 등 터무니없는 요구를 해 왔기 때문에 협상이 이루어지지 않은 것이다.

 강화가 실패로 돌아가자, 일본은 다시 조선을 쳐들어가기 위한 준비로 바빠졌다. 이 소식을 들은 조정은 다시 불안해졌다.

 아직 부산과 웅천 등에 왜군들이 버티고 있는데다 또다시 일본이 군사들을 이끌고 쳐들어올 경우 어떤 일이 벌어지게 될지 몰랐기 때문이다. 조정 이곳저곳에서는 이순신을 비난하는 소리가 나오기 시작했다.

 "삼도수군통제사 이순신은 대체 무얼 하고 있단 말이오. 바로 눈 앞에 있는 적군을 물리치지 못하다니!"

 "책임을 물어 마땅한 일이오!"

 해전은커녕 병법에 대해 아무것도 모르는 조정에서 보기에는 한산도에서 3년 8개월 동안이나 꼼짝하지 않고 있는 이순신이 도저히 납득이 가지 않았다. 그들의 생각에는 바로 코앞에 있는 왜군의 근거지인 부산만 친다면 문제는 간단할 것 같았다. 설사 아무리 어려운 일이 있더라도 이제껏 해 온 것을 볼 때 이순신이라면 충분히 해낼 수 있을 것 같았던 것이다.

 이러한 때 왜군이 다시 몰려온다는 소식까지 전해지자, 이순신의 태도에 불만을 갖고 있던 조정에서는 계속해서 출전을 명령했다.

 "통제사 이순신은 들어라. 일간 왜군이 다시 바다를 건너올 것이라 하니, 속히 수군을 이끌고 나아가 부산의 적을 치고 부산을 봉쇄토록 하여라."

이순신은 답답하였다.

부산은 병법에서 말하는 사지(도저히 살아 나올 수 없는 위험한 곳)였다.

아무리 임금의 명령이라 해도 질 것을 뻔히 알면서 병사를 움직일 수 없는 일이었다.

그러자 조정에서는 임금의 명을 거역했다는 이유로 이순신을 투옥하기에 이르렀다.

그러나 이순신이 투옥까지 당하게 된 결정적인 계기는 이순신을 없애기 위해 왜장 고니시가 짜 놓은 계략 때문이었다.

1596년 11월, 강화 회담이 결렬되자 일본은 다시 조선을 쳐들어오기 위한 준비를 해 나갔다. 그러나 가장 큰 장애는 바로 바다를 지키는 이순신의 수군 함대였다. 이에 고니시는 미리 이순신을 없애기 위해 공작을 꾸미기 시작했다.

자신의 통역관이던 요시라를 통해, 자신의 최대 경쟁자이며 조선에서 가장 악명 높은 왜장 가토가 대마도에 도착해 있으며, 순풍이 부는 대로 7천여 명의 왜군을 이끌고 조선으로 쳐들어갈 것이니, 미리 나와 있다가 이를 막으면 된다는 내용을 조선에 소문을 내어 퍼지게 한 것이다.

그러나 이것은 고니시의 함정이었다. 그는 가토가 군사를 이끌고 온다고만 했지 언제 어디로 온다는 것을 알려 주지 않았다. 그 말만 믿고 한겨울에 무턱대고 바다에 나가서 기다릴 수 없는 것이었다.

그리고 거제도 방면으로 온다고 했지만 가토가 도착할 가능성이 큰 거제도 동해안은 복잡한 리아스식 해안(그 모양이 구불구불하여 해안선이 복잡한 해안)이었고, 그 길이는 80킬로미터나 되는 막연한 곳이었다. 그리고 이미 거제도는 일본 수군이 무수히 깔려 있는 적의 소굴이었다.

즉, 이순신의 삼도수군을 풍랑이 치는 적의 한가운데로 나오게 하여 포위 공격을 하려는 얕은 수법이었다.

그러나 이와 같은 내막을 모르는 조선 조정에서는 틀림없이 이순신을 나가 싸우도록 할 것이고, 이순신이 나가지 않을 경우 이순신에게 벌이 내려지리란 것을 고니시는 짐작하고 있었다.

그러나 무엇보다 큰 함정은, 고니시가 알려 준 날짜보다 훨씬 앞당겨 가토는 이미 부산에 도착해 있었던 것이다. 즉, 이순신이 가토를 잡을 기회를 놓친 것처럼 보이게 함으로써 조선 조정이 이순신을 체포하도록 계획한 것이다.

1월초, 조정에 경상우도 병마사 김응서로부터 한 통의 장계가 올라왔다.

"적장 고니시가 통역관 요시라를 통해 가토가 바다를 건너오는 시기를 알려 왔는데, 조선의 수군을 바다에 대기시키고 있다가 공격하면 가토를 잡을 수 있으리라는 것이오."

그러자 조정에서는 대책 회의가 열렸다.

적의 정보를 믿을 수 없다는 주장도 나왔으나, 고니시와 가토는 원수와 같은 사이이니 믿을 수 있고, 가토를 잡을 수 있는 기회를 놓칠 수 없다는 의견이 지배적이었다.

이럴 즈음 요시라는 또다시 경상우도 병마사 김응서를 찾아와 정보를 알려 주었다.

"가토는 이미 7천 군사를 이끌고 대마도에 도착했습니다. 이제 순풍만 불면 곧 바다를 건널 것입니다. 속히 조선 수군을 보내어 거제도에서 가토가 오는 것을 막도록 해 주십시오."

김응서는 도원수 권율을 찾아가 의논하였다.

"어찌하면 좋습니까? 벌써 가토가 대마도에 온 지 4일이나 지났습니다."

"내가 한산도에 다녀와야겠소."

권율도 요시라를 믿고 있었다.

한산도에 도착한 권율은 이순신에게 요시라의 정보를 전했다.

"아무리 그렇다고 해도 적의 말만 듣고 병사를 움직일 순 없는 일입니다."

"고니시는 믿을 만한 사람이오. 더구나 고니시와 가토는 서로 원수지간이지 않소!"

"그렇다고 하더라도 고니시는 일본 신하이지 조선의 신하가 아닙니다."

"그렇다면 부산을 치는 것은 어떻소?"

"부산을 치는 것이 가장 좋은 방법이긴 하지만 수군의 힘만으로는 불가능한 일입니다. 견내량을 지키는 것만으로도 적의 남해 진출은 막아 낼 수 있습니다."

"육군도 도울 터이니 부산을 공격해 보는 것이 어떻겠소?"

"이미 적들의 수가 너무 많아져서 승산이 없습니다. 겨우 잡아 놓은 적들을 오히려 풀어 주는 결과를 초래할 뿐입니다."

이순신의 뜻을 전해 들은 권율은 다시 의령으로 돌아왔다.

"수군은 제 날짜에 출동을 못 할 것 같소. 고니시에게는 그렇게 전하시오."

1월 21일, 조정으로는 가토의 부산 도착을 알리는 장계가 날아들었고, 뒤를 이어서 원균의 장계가 올라왔다.

"조선 함대를 이끌고 가덕도로 나가 있다가 가토를 기습한다면 물리칠 수 있을 것입니다."

원균의 장계를 받은 조정은 이순신을 벌하고 원균을 통제사로 삼아야 한다는 주장으로 들끓었다. 사헌부에서도 조정의 명령을 어긴 이순신을 처벌해야 할 것을 주장하고 나서자 결국 선조 임금은 이순신을 잡아들일 것을 명령하였다.

"이순신은 조정의 명령을 어기고 출정을 늦추어 적을 놓친 죄가 크니 그를 파직시키고 원균을 삼도수군통제사로 삼는다. 그리고 죄인 이순신을 당장 잡아 올리도록 하라."

금부도사 이겸이 선전관과 원균을 데리고 한산도에 나타난 것은

이순신

2월 26일이었다.

상황을 짐작하고 있던 이순신은 미리 주변을 정리하고 있었다. 원균에게 부하들과 무기를 인수하는 절차가 끝났다.

이순신은 선전관 앞에 무릎을 꿇고 임금의 교서를 받았다.

"이순신은 조정을 속였으니 임금을 업신여긴 죄를 지었고, 쳐들어오는 적을 막지 않았으니 나라를 배반한 죄를 지었다…… 이처럼 많은 죄가 있을진대 법에서는 용서가 없고 마땅히 사형에 처해져야 할 것이니라."

이순신은 금부도사의 오랏줄을 받은 채 끌려나왔다.

배에 오르기 전 이순신은 마지막으로 그 동안 정들었던 한산도를 돌아다보았다.

임금을 배반한 역적죄를 지었으니 이제 다시는 이 곳을 보지 못하리라.

멀어져 가는 한산도에서는 병사들의 애절한 흐느낌 소리가 들려왔다. 애써 고개를 돌려 먼 하늘을 바라보는 이순신의 두 눈에서도 굵은 눈물이 흘러내리고 있었다.

12. 백의종군

　1597년 2월 6일, 왜장 고니시의 정보 공작에 빠진 조정이 이순신을 잡아 올리고 원균을 삼도수군통제사에 임명했다.
　이 소식을 들은 도체찰사 이원익은 선조 임금께 간곡한 상소문을 올렸다.
　"지금 왜군이 가장 두려워하는 것은 이순신의 수군입니다. 적이 다시 쳐들어오려 하는 이 때에 이순신을 대신하여 원균을 보낸다는 것은 위험천만한 일이옵니다."
　그러나 이미 마음이 돌아선 선조 임금은 이원익의 상소를 받아들이지 않았다.
　한성으로 끌려와 의금부의 감옥에 갇히게 된 이순신은 모진 신문과 고문을 당하였다.
　"너는 어찌하여 가토가 오는 것을 알고도 나가 막지 못하였느냐? 필시 적들과 내통하고 있음이렷다?"
　"아니오. 적을 막지 않은 것이 아니라 막을 수가 없었던 것이오."
　"거짓말 말아라! 넌 몇 년 동안이나 한산도에 있으면서 적들을 눈앞에 두고도 싸우질 않았다. 이는 분명 적으로부터 뇌물을 받고 적과 내통한 것이렷다!"

"아니오, 절대 그런 일은 없었소."

"이놈이 그래도 뉘우칠 줄을 모르는구나. 여봐라! 어서 저놈의 주리를 틀렷다!"

의금부 나졸들은 덤벼들어 이순신을 형틀에 매달고 주리를 틀었다. 팔과 다리의 뼈가 으스러질 것 같은 고통을 당했으나, 이순신으로서는 자백할 것이 아무것도 없었다. 이어서 불에 빨갛게 달군 인두로 살을 지져 대는 불고문이 이어졌다.

"그래도 말하지 않겠느냐?"

"난 할 말이 없소. 난 죄가 없소."

"음 여봐라. 저놈이 바른대로 말할 때까지 계속 지지거라."

"으으윽……."

이를 악물고 참던 이순신은 결국 기절하고 말았다.

"정말 지독하구나! 이 놈이 깨어날 때까지 감방에 가두어라."

쓰러진 이순신은 감옥으로 옮겨졌다. 잠시 뒤 정신이 들자 무서운 고문은 또다시 이어졌다. 이러한 고문은 다음 날도 그 다음 날도 계속되었다.

의금부로 끌려온 지 벌써 8일이 지났다. 이순신은 거의 죽음 직전까지 이르게 되었다.

이를 안 조정에서는 류성룡을 중심으로 하여 이순신을 구하기 위

한 운동이 벌어졌고, 이를 반대하는 반대파들과의 공방전이 치열하게 벌어졌다.

"신은 어릴 때부터 이순신을 잘 알고 있사옵니다. 그는 용기가 있고 충과 의를 아는 자로서 절대로 국법을 어길 자가 아니옵니다. 부디 다시 한 번 기회를 주시옵소서."

일찍이 이순신을 추천했던 류성룡은 수차례에 걸쳐 사직서를 내가며 그의 무죄를 주장했다.

"일개 무신이 조정을 업신여긴다는 것은 있을 수가 없는 일이옵니다."

"마땅히 이순신을 사형에 처함이 옳은 줄로 아옵니다."

그러나 류성룡의 반대파에서는, 왕의 명령을 어기고 출전하지 않은 이순신을 사형시킬 것을 계속 주장하였다.

이러한 때 마침 올라온 판중추부사 정탁의 상소문은, 이순신을 구하는 결정적인 역할을 하게 되었다. 정탁은 당쟁에 휩싸이지 않는 곧고 바른 선비로 많은 존경을 받고 있는 인물이었다.

선조 임금도 정탁의 말이라면 믿고 있는 터였다.

"군사의 일이란 보통 사람으로서는 추측할 수 없는 것이온즉, 이순신이 나아가 싸우지 않았던 것에는 분명 무슨 까닭이 있었을 것이옵니다. 부디 후일을 생각하시어 그의 죄를 용서하여 주시옵소서."

정탁의 간곡한 상소문은 선조 임금의 마음을 흔들어 놓았다. 이어서 다른 신하들도 이순신을 살려 줄 것을 호소하는 상소문을 올렸다.

한산도에 있던 이순신의 군관 송희립을 비롯한 수십 명의 장수들도 한성에 올라와 대궐 앞에 명석을 깔고 엎드려 임금께 이순신을 살려 줄 것을 호소하였다.

"상감 마마! 부디 이 장군을 살려 주시옵소서!"

이렇게 조정 안팎에서 구명을 호소해 오자, 결국 선조 임금은 이순신을 석방할 것을 명하게 되었다.

"그대들의 뜻이 그러하니 이순신에게 한 번 더 기회를 주겠노라. 이순신을 석방하도록 하라!"

드디어 1597년 4월 1일, 이순신은 옥문을 나오게 되었다.

옥문 밖에는 아들 회와 조카가 그를 기다리고 있었다.

아들 회는 이순신을 보자 울음을 터뜨리고 말았다. 아버지 이순신은 온몸이 상처투성이였고, 옷에는 그 동안의 고생을 말해 주듯 피와 땀과 고름으로 얼룩이 져 있었다.

"아버님, 이게 어인 일이십니까? 얼마나 고초가 크셨기에……흑……."

"난 괜찮다. 할머님은 잘 계시느냐?"

"예!"

"어린 네가 고생이 많았겠구나. 어서 가자."

의금부에서는 계속하여 이순신을 사형시킬 것을 주장하였으나, 선조 임금은 사형을 면해 주고 백의종군할 것을 명령했다. 이것은 이순신의 일생 중 두 번째 맞는 백의종군이었다.

감옥문을 나온 이순신은 남대문 밖 허름한 민가에서 이틀을 묵었다. 류성룡과 정탁 등이 사람을 보내어 그의 안부를 물어 왔고, 이순신을 위로해 주기 위해 여러 사람이 술을 들고 찾아와 주었다.

"어찌 나라의 영웅 이 장군을 이렇게 대접한단 말이오!"

"고맙습니다. 그러나 나는 아무렇지도 않습니다."

이순신은 그 동안의 고통도 다 잊고 밝게 웃었다.

이틀을 묵은 뒤, 금부도사의 호위를 받으며 이순신은 권율이 있는 초계로 발길을 돌렸다. 본래는 당시 삼도수군통제사였던 원균 아래로 가야 하는 것이지만, 이순신과 원균의 사이가 나쁘다는 것을 알고 있던 권율이 조정에 청원하여 이순신을 자기가 있는 곳에 있도록 배려해 주었다.

남행길에 오른 지 5일 뒤, 이순신은 고향인 아산 뱀밭골에 도착했다. 참으로 오랜만에 와 보는 고향이었다. 동네 사람들은 술과 음식을 푸짐하게 차려 이순신을 위로해 주었다. 이순신은 동네 사람들이 따라 주는 술을 한 잔도 사양하지 않고 모두 마셨다.

죄인의 몸인 자신을 이토록 따뜻하게 맞이해 주는 사람들의 마음이 한없이 고마워서였다.

그러나 이순신에게는 한 가지 걱정이 있었다. 늙으신 어머니 변씨에 대한 걱정이었다. 전라좌수사로 있을 당시에는 어머니를 여수에 모셔다 놓고 가끔씩이나마 찾아뵐 수 있었으나, 한산도로 진영을 옮긴 뒤에는 어머니를 만날 수조차 없었다. 더구나 한성으로 압송된 이후로는 어머님의 소식을 전혀 알 길이 없었다.

그러다 이순신이 염려하던 소식이 전해져 왔다. 어머니 변씨가 돌아가셨다는 소식과 함께 어머니의 시신이 운송되어 온 것이다. 아들이 한성 의금부로 끌려갔다는 소식을 들은 변씨는, 걱정 끝에 서둘러 한성으로 올라오는 배를 탔는데, 올라오는 동안 풍랑이 심해서 뱃멀미가 몹시 났는데 그 길로 병을 얻어 앓아 누우셨다가 돌아가셨던 것이다. 그러니까 객사(객지에서 죽음)한 것이다.

참으로 안타까운 노릇이었다. 두 형과 아우가 모두 일찍 세상을 떠나 어머님을 모실 자식이라고는 네 형제 중에 이순신 자신밖에 없었다. 그러나 변방으로 전장터로 계속 옮겨 다녀야 했던 그로서는 늘 걱정만 할 뿐 어머니를 제대로 돌봐 드리지 못했다.

≪난중일기≫를 보면 어머니를 생각하는 그의 마음이 얼마나 애절했는지 잘 알 수 있다.

아침에 흰머리카락 십여 개를 뽑았다. 흰머리가 싫어서가 아니라, 늙으신 어머니께서 보시면 행여 걱정하실까 염려가 되기 때문이다.

12. 백의종군

종일 노를 저어 한밤중에 어머님을 찾아가 뵈었다. 흰머리가 전보다 더 많으신 듯하다. 나를 보고 놀라 일어나시다가 기운이 없으셔서 쓰러지시는 걸 보니 몇날 더 보존하시기가 어렵겠다. 눈물을 머금고 서로 붙들고 앉아 밤새도록 위로하여 마음을 풀어 드렸다.

아버지께서 돌아가실 때도 이순신은 함경도에 가 있느라고 임종하지 못했었다. 그런데 이제 어머니마저 객사시키고 자기 손으로 어머니의 장례조차 치러 드릴 수 없는 처지가 된 것이다.

"어머니, 불효 자식을 용서하십시오, 어머니!"

이순신은 차갑게 굳어 버린 어머니의 시신을 끌어안고 하염없이 눈물을 흘렸다.

"사정은 딱하지만 갈 길이 급하오. 어서 일어나시오."

공무를 수행해야 하는 금부도사는 이순신을 재촉했다.

이순신은 어머니의 장례를 마을 사람들에게 맡기고 떨어지지 않는 발걸음으로 초계길을 떠났다.

이순신은 이 날의 일기에 '어서 죽기만을 기다릴 뿐이다.' 라고 당시의 절망적인 마음을 적어 놓고 있다.

어머니의 상을 당한 뒤 이순신은 흰옷 위에다 상복을 걸치고 큰 삿갓을 쓴 채 다니게 되었다.

백의종군 중인 죄인에다 부모의 상까지 당한 불효자, 하늘을 바로 올려다볼 수 없는 이중의 죄인이 되었기 때문이다. 이러한 옷차림 때문에 다시 삼도수군통제사가 될 때까지 친한 사람들도 이순신을 알아보지 못했다.

이순신이 부임지인 초계에 도착한 것은 1597년 6월 8일이었다.
초계에서 이순신이 맡은 일은 무밭을 돌보는 일이었다. 허름한 초가에서 살며 무 씨를 뿌리고 잡초를 뽑는 동안에도 이순신은 주변의 지형을 잘 살펴 두었고, 이것을 기록하거나 지도를 그려 두는 것을 잊지 않았다. 이순신은 본디 지리에 밝았고 지도를 잘 그리는 것으로 유명했다. 이 곳까지 내려오는 중에도 도체찰사 이원익의 부탁으로 경상우도 연해안의 지도를 직접 그려 주기도 했다. 그러다 보니 어느덧 지형을 살피고 기록하는 것은 습관이 되어 버렸다. 이순신이 여러 해전에서 그 곳의 지형지물과 조류 등을 작전에 이용하여 승리를 거둘 수 있었던 것도 평소 지리에 밝고 이를 활용했기 때문이었다.
이순신은 초계에 내려와 마음이 괴로운 중에도 ≪난중일기≫에 주변의 지형을 자세히 적어 두고 있는데, 마치 눈앞에서 보는 것처럼 그 묘사가 생생하다.

　　기암절벽은 천 길이나 되고
　　강물은 굽이굽이 깊기도 하다.

12. 백의종군

길 또한 험하고 위태롭구나!
만일에 누가 있어 이 곳을 지킨다면
만 명 용사라도 지나기 어려우리.

이렇듯 초계에 있는 동안에도 그의 머릿속에는 여러 가지 작전구상과 한산도에 대한 걱정이 떠나질 않았다.

'모두들 잘하고 있겠지? 혹시라도 왜군들이 또 쳐들어오지는 않았을까?'

그 해 7월 18일 새벽, 권율의 군관들이 그의 초가에 달려와 다급한 목소리로 잠을 깨웠다.

"장군, 큰일났습니다. 칠천량 앞바다에서 조선 수군이 전멸했다고 합니다."

"뭣이?"

이순신은 하늘이 무너지는 것 같은 소식에 벌떡 일어났다. 그저께 새벽, 원균이 무리하여 모든 함대를 이끌고 나갔다가 그만 적의 야습을 받고 이억기, 최호 등 장수들과 삼도수군이 전멸을 당한 것이었다.

순간 이순신의 머리에는 그 동안 자신을 도와 용감히 싸워 주었던 장수들과 병사들, 그리고 그토록 애써서 만들어 놓았던 거북선과 전선들의 모습이 스치고 지나갔다. 이순신은 그 자리에 주저앉아 그만 통곡을 하고 말았다.

"아, 그게 어떻게 만들어진 것인데……!"
 이순신이 한산도를 떠나온 지 불과 넉 달 만에 무적을 자랑하던 조선 함대가 왜군들 앞에서 무참하게 무너져 버린 것이다.

13. 조선 수군의 전멸

이순신이 파직되고 백의종군하게 되자, 그 뒤를 이어 원균이 삼도수군통제사의 자리에 올랐다. 원균은 이순신과 한 동네에서 자란 사이로 이순신보다 다섯 살 위였다. 관직에 들어선 것도 훨씬 빨라서 이순신이 정읍현감으로 있을 당시 원균은 이미 전라좌수사의 자리에 올라 있었다. 전라좌수사는 당시의 이순신으로서는 십 년을 기다려도 따라갈 수 없는 높은 자리였다.

임진왜란이 일어나기 1년 전, 좌의정 류성룡의 추천을 받은 이순신은 하루아침에 원균과 똑같은 자리에 올라서게 되었다. 평상시라면 상상도 하지 못할 특급 승진이었다.

전쟁이 터지자 원균은 이순신과 힘을 합해 잘 싸웠으나 본래 두 사람은 성격이 아주 달랐다. 성격이 괄괄하고 호탕한 편인 원균은 생각보다는 행동이 앞서는 장수였다. 그래서 치밀하고 신중한 성격의 이순신과는 늘 조금씩 어긋났다.

게다가 이순신이 해전에서 연이어 승리를 거둔 공으로 삼도수군통제사의 자리에 오르자, 원균은 자기보다 후배이자 부하였던 이순신의 지휘를 받아야 하는 처지가 되고 말았다. 일이 이렇게 되자 함께 목숨을 걸고 싸웠던 원균으로서는 불만이 생길 수밖에 없었다.

이러한 때에 조정이 고니시의 계략에 빠져 이순신에게 계속 부산 진격을 명령하고 이순신이 곤란에 빠지게 되자, 원균은 재빨리 장계를 올림으로써 이순신을 난처하게 만들었다.

"만일 제가 수군통제사라면 부산포 입구인 절영도 앞바다까지 나가서 가토를 막겠습니다."

이처럼 원균은 호언장담하는 장계를 올림으로써 이순신 대신에 삼도수군통제사가 된 것이다.

그러나 경쟁자이던 이순신을 물리치고 난 뒤에도 그의 마음은 편치 않았다.

이순신 못지 않게 수전의 경험이 풍부하고 왜군의 상황을 잘 파악하고 있는 원균은, 이순신이 부산으로 진격하지 않은 이유를 잘 알고 있었다. 그러나 상관인 도원수 권율은 계속해서 원균에게 부산으로 나갈 것을 명령했다. 원균은 안골포와 가덕진에 대한 수륙 합동을 주장할 뿐 3개월이 되어도 출전을 미루기만 했다. 일본 수군에 대한 수륙 합동은 이미 이순신이 주장했던 것이다.

권율은 사람을 보내어 계속 원균에게 부산 진격을 독촉하고, 더 이상 미룰 수가 없게 된 원균은 1백여 척의 조선 수군 함대를 거느리고 한산도를 떠났다.

그러나 원균이 향한 곳은 부산이 아니었다. 안골포와 가덕진에 있는 적을 공격하다가 지휘관 한 명이 전사하자 곧바로 배를 돌려 한산도로 돌아온 것이다.

원균이 출격했다는 소식을 듣고 사천까지 나가서 승전보를 기다리고 있었던 권율은, 원균이 안골포에서 잠시 싸우는 체하다 돌아왔음을 알게 되고 크게 진노했다.

"당장 원균을 불러들여라!"

권율! 일찍이 이순신과 함께 류성룡에 의해 발탁되었던 그는 행주 대첩 등의 빛나는 공을 세워 승진에 승진을 거듭하여 지금의 도원수가 된 것이다.

권율이 승진하게 된 데에는 이순신의 도움이 컸었다. 이러한 권율에게 이순신을 밀어 내고 통제사의 자리에 오른 원균이 좋게 보일 리가 없었다.

게다가 원균은 당장에라도 적을 무찌를 것처럼 큰소리를 치더니 이제 와서 이런저런 핑계를 대며 부산 진격을 미루고 있는 것이었다. 권율이 보기에 원균은 뻔뻔스럽기만 했다.

"통제사 원균 현신이오!"

권율 앞에 불려온 원균은 조금도 미안한 기색이 보이지 않았다.

"통제사, 온 백성이 통제사가 부산으로 진격해서 왜군을 무찔러 줄 것을 바라고 있소. 그런데도 계속 출전을 미루고 있음은 어인 까닭이오? 전일에 이순신이 부산 출격이 불가능하다고 했을 때 통제사는 부산의 적을 무찌르겠다고 장담하지 않았소? 그런데 이제 와서 왜 나가지 않으려는 것이오?"

"나가지 않으려는 것이 아니고 수군의 힘만으로는 적들을 막을 수 없기 때문입니다. 수륙 합동작전으로 공격한다면 적을 반드시 격퇴할 수 있습니다."

"그것은 이순신이 이미 주장했었던 것이오. 그렇다면 전일에 무슨 생각으로 조정에다 부산 진격에 대한 장계를 올린 것이오?"

"저도 적을 공격하려고 나가 보았습니다만 결코 쉬운 상대가 아니었습니다."

"그래서 싸우는 시늉만 하다 돌아온 것이오?"

"말씀이 너무 과하십니다. 이 원균은 이 나라 수군을 모두 맡고 있는 사람이올시다. 수군의 일은 제게 맡겨 주십시오."

"뭣이? 그래도 큰소리를 치다니…… 여봐라! 저자를 당장 형틀에 묶고 곤장을 치도록 하여라!"

"제게 어찌 이러실 수가 있습니까?"

감히 원균에게 다가가지 못하고 머뭇거리는 병졸들에게 권율은 또 한 차례 불 같은 명령을 내렸다.

"어서 저자를 치래도 뭣들 하고 있느냐!"

결국 원균은 권율로부터 곤장 세 대를 맞았다.

원균이 아무리 직위가 아래였다고 하나 이것은 있을 수 없는 일이었다. 현직 통제사가 부하들이 보는 앞에서 엉덩이를 내놓고 곤장을 맞는다는 것은 상상도 할 수 없는 부끄러운 일이었다.

이 일로 충격을 받은 원균은 방 안에 틀어박혀 술로 나날을 보내게 되었다.
　'나에게 곤장을 치다니……. 이 나라 수군을 모두 맡고 있는 나에게……. 음, 권율! 어디 두고 보자!'
　원균이 출전하지 않고 술로 세월을 보내고 있다는 소식은 조정에까지 알려지게 되었고, 6월말이 되자 바다를 건너오는 왜선의 수가 점점 늘어갔다.
　화가 머리끝까지 치민 선조 임금은 선전관을 보내어 직접 원균의 출격을 명령하였다.
　"어서 원균을 출정시켜라! 말을 듣지 않으면 잡아 끌어서라도 나가게 해라!"
　임금의 서릿발 같은 명령을 받은 선전관 김식은 급히 말을 몰아 한산도의 원균에게 달려갔다.
　"어명이오! 통제사 원균은 속히 나와 윤음(임금의 말씀)을 받으시오!"
　고집을 부리며 두문불출하던 원균도 임금의 명령 앞에서는 나와서 무릎을 꿇을 수밖에 없었다.
　결국 원균은 부산으로 출전할 결심을 하였다.
　부산으로 출전하기로 한 7월 5일은 비가 몹시 내리고 파고가 높은 날이었다.
　예전에 이순신과 함께 부산을 공격하였다가 배를 댈 곳이 없어

애를 먹었던 경험이 있는 이억기는 원균의 출정을 간곡하게 말렸다. 게다가 지금은 부산으로 가는 길목마다 왜군의 진지가 세워져 있어 어려움이 더욱 많을 것이다.

"장군, 지금 부산을 공격하는 것은 자살 행위나 다름없습니다. 적의 세력이 예전과 달리 엄청나게 늘었습니다."

"적의 세력이 크고 적음이 공격을 하지 못하는 이유가 될 수 없소. 죽기로 결심하고 싸우는 것밖에 도리가 없소."

"장군, 승산 없는 싸움에 꼭 나가셔야 합니까?"

"하늘이 우릴 돕질 않으니 어쩔 도리가 없소. 자, 항진하라!"

원균은 결국 출전을 감행했다.

이순신이 떠난 뒤에 이억기는 이미 이런 사태가 벌어질 것을 예상하고 있었다.

의금부 감옥에 갇혀 있는 이순신에게 보낸 이억기의 편지를 보면 알 수 있다.

"조선 수군은 머지않아 반드시 패할 것입니다. 제가 죽게 될 곳도 어디인지 알 수가 없겠지요."

결국 이억기의 예상은 들어맞았다. 이번 출전이 이억기에겐 마지막 가는 길이 되었던 것이다.

드디어 거북선 두 척을 포함한 2백 60여 척의 조선 함대는 한산도를 떠나 북으로 항진하기 시작했다. 한산도 대첩 이후 처음으로

조선 수군이 총동원된 것이다. 그러나 부산으로 가는 길은 멀고도 험했다.

이미 안골포, 가덕도 등 곳곳에 왜군의 성들이 들어서 있었기 때문에 밤에는 배를 댈 곳이 없었다. 배를 댔다가는 자칫 야습을 받을 위험이 있었다. 쉴 틈도 없이 노를 젓는 적군들은 점점 지쳐 가고 배의 속도도 느려졌다.

조선 함대가 옥포, 다대포를 지나 절영도에 들어섰을 때 수백 척의 적선과 마주치게 되었다. 뜻하지 않은 곳에서 적을 만나게 된 원균은 당황하여 아무런 작전도 없이 공격을 명령하였다.

조선 함대가 포를 쏘며 공격하자 적선들은 사방으로 흩어져 후퇴해 버렸다. 우리 함대는 추격을 계속하며 포를 쏘아댔으나 흩어져 도망치는 적선들을 제대로 맞힐 수가 없었다.

이것은 왜군의 작전이었다. 조선 수군과 정면 대결을 할 경우 불리할 것으로 판단한 왜군들은 게릴라식 공격을 가함으로써 조선 함대를 잠시도 쉬지 못하게 했다. 계속된 전투로 조선 수군들이 지치면 그 때를 기다려 뒤를 치려는 속셈이었다.

어느덧 왜선들을 추격하던 조선 함대는 대마도 가까이까지 가게 되었다. 적의 진영까지 들어간 것을 안 원균은 급히 뱃머리를 돌릴 것을 명령했다.

어느덧 밤은 깊어 가고 강풍까지 몰아치는 바다 위에 우리 함선 20여 척이 파도에 밀려 떠내려 갔으나, 이를 보면서도 어떻게 손을 쓸 수가 없었다.

 이후에도 거센 파도와 싸워야 하는 항해는 며칠간이나 계속되었다. 그러는 사이 노를 젓는 노꾼들의 손바닥은 껍질이 벗어지고 피가 흘러내렸다.

 가까스로 가덕도에 도착하여 뭍에 올라 지칠 대로 지친 몸을 쉬려고 했다. 그러나 미리 매복해 있던 왜군들의 기습을 받아 4백여 명의 수군들이 순식간에 목숨을 잃고 말았다. 왜군들은 조선 수군들의 움직임을 살피며 미행하고 있었던 것이다.

 다시 배에 올라 항진한 끝에 칠천량의 외줄포에 도착한 것은 7월 9일 새벽이었다.

 며칠 동안 밤낮을 가리지 않고 노를 젓느라고 제대로 밥도 먹을 수 없었던 수군들은 모두가 쓰러질 정도로 지쳐 있었다.

 원균은 외줄포에 배를 대어 놓고 병사들을 쉬게 했다.

 그러나 이 곳은 적의 강력한 수군 기지가 있는 웅포와 안골포에서 20킬로미터 정도밖에 떨어지지 않은 곳으로 왜군들이 두 시간이면 올 수 있는 거리였다.

 "장군님, 이 곳은 위험하오니 다른 곳으로 옮겨야 합니다."

 "그렇습니다. 이 곳은 왜군과 너무 가까운 곳이기 때문에 언제 기습을 당할지 모릅니다."

 배설을 비롯한 여러 장수들은 위험하므로 다른 곳으로 옮길 것을 주장했으나, 원균은 계속해서 외줄포에 머무를 것을 고집했다.

왜군은 조선 함대가 한산도를 떠난 직후부터 척후병을 시켜 조선 함대의 움직임을 샅샅이 알고 있었다.

조선 함대가 외줄포에서 정박하고 있는 것을 알게 된 왜군들은 근방에 있는 왜선들을 모두 웅포와 안골포에 모이도록 했다.

왜선 1천여 척이 웅포와 안골포에 모두 모인 것은 7월 15일 오후였다.

왜적은 다음 날 새벽, 조선 함대를 여러 겹으로 에워싸며 기습을 가해 왔다.

1천여 척의 왜선들이 바다를 새까맣게 메우며 다가오고 있었으나, 조선 함대에서는 이를 눈치채지 못했다.

왜군들은 외줄포를 포위하는 한편, 우리 수군이 한산도로 돌아가지 못하도록 미리 견내량 입구를 철저하게 막아 놓았다.

7월 16일, 날이 밝자 왜군들은 빗발치듯 총을 쏘아대며 조선 함대를 공격하기 시작했다.

"힘을 내라! 반격이다, 반격!"

기습받은 것을 안 원균은 급히 북을 치며 반격할 것을 명령했지만, 당황한 우리 수군들은 우왕좌왕할 뿐 제대로 반격조차 하지 못했다.

그 사이 적선들은 점점 더 가까이 다가왔다. 한번 기선을 제압당하자 형세는 밀릴 수밖에 없었다. 우리 수군들은 닥치는 대로 포와 화살을 쏘아대며 처절한 저항을 했지만, 하늘을 찌를 듯한 기세로

13. 조선 수군의 전멸

총공격을 퍼부어 대는 왜군을 당해 낼 수 없었다.

우리 수군들은 왜군의 조총 앞에 하나 둘씩 쓰러져 갔다. 조선 함대의 주력 부대는 겨우 포위망을 뚫고 한산도로 후퇴하기 위해 견내량까지 갔으나, 견내량 또한 이미 왜적이 진을 치고 있어 길을 차단당하고 말았다.

"바다로는 안 되겠다! 육지로 가자!"

후퇴하는 것이 불가능함을 안 병사들은 배를 버리고 육지로 몸을 피했으나, 육지에는 이미 시마즈 마다시치로가 이끄는 왜군들이 기다리고 있었다. 바다에서도 육지에서도 우리 수군들은 왜군의 총포 앞에 힘없이 쓰러져 갔다.

한때 천하무적을 자랑하던 조선 함대는 제대로 저항다운 저항도 못 해 보고 부서지고, 불타고, 물 속으로 가라앉았다.

이순신을 도와 수많은 해전을 승리로 이끌었던 전라우수사 이억기는 명장답게 싸우다가 바다에 투신하여 전사했고, 우리 수군들도 모두 불에 타거나 총에 맞거나 물에 빠져 목숨을 잃었다.

왜군들에게 가장 큰 공포의 대상이었던 거북선도 어느 새 바닷속으로 가라앉아 형체도 찾아볼 수 없었다.

2백 60여 척의 함대 중에서 남은 것이라곤 적의 기습 직후에 배설이 이끌고 도망친 12척의 전선이 전부였다. 이 칠천량에서의 무참한 패배는 우리 함대가 당한 최초이자 최대의 패전이었다. 이는 이순신이 한산도를 떠난 지 불과 4개월 만의 일이었다.

한편, 뭍으로 가까스로 몸을 피했던 원균도 이 곳에서 최후를 맞이해야 했다.

원균에게는 18세된 아들 사웅이 있었는데, 언제나 아버지 원균을 따라다니며 돕고 있었다.

몸이 무겁고 지친 원균이 더 이상 뛰지 못하고 소나무 아래 주저앉자, 사웅은 원균의 웃옷을 벗게 한 뒤 멀리 갖다 버리고 돌아왔다. 만일의 경우 삼도수군통제사라는 사실이 적에게 알려질 것을 막기 위해서였다.

"사웅아, 너만이라도 어서 몸을 피하거라!"

"아닙니다. 전 끝까지 아버님 곁에 남겠습니다."

어느 새 적병 십여 명이 두 부자를 에워싸며 다가오고 있었다. 원균과 사웅은 마지막으로 칼을 빼들었다. 두 사람은 서로를 감싸며 용감하게 싸웠으나, 먼저 원균이 적의 칼 끝에 가슴을 찔려 쓰러지고 말았다.

"아버님!"

아버지를 부축하느라 사웅이 주춤하는 사이 그도 적의 칼을 맞아 쓰러진 채 다시는 일어나지 못했다.

임진왜란 동안 이순신과 함께 많은 전투에 참가했던 원균은 오늘날 역사 속에서 과소평가되고 있지만, 그 또한 국난을 당해 온몸을 바쳐 싸웠던 용감한 장수였다.

그러나 그가 감당하기엔 임진왜란이라는 역사의 파도는 너무나

높고 거셌던 것이다. 그는 무능하다기보다는 어찌 보면 불운한 장수였다.

임진왜란이 끝난 뒤, 원균은 그 공을 인정받아 이순신, 권율과 함께 임진왜란의 일등 공신으로 제수받게 되었다.

그러나 '원균'이라는 이름은 오래도록 부끄러운 모습으로 역사 속에 남아야 했다. 이순신을 영웅으로 부각시킨 나머지 원균을 간신처럼 바라보았기 때문이었다.

14. 신에게는 아직도 12척의 배가 있사오니

    우리 수군이 일본 수군에게 전멸당했다는 소식이 권율에게 전해진 것은 7월 18일 아침이었다.
    원균에게 부산을 공격할 것을 줄기차게 강요했던 권율은 눈앞이 캄캄해졌다. 권율은 대책을 의논하기 위하여 이순신이 머물고 있는 숙소를 향해 말을 달렸다.
    "이 장군, 이 일을 어찌하면 좋겠소. 이제 적들이 물밀듯이 몰려올 것이 뻔한 일인데……."
    "지금은 아무 말씀도 드릴 수 없습니다. 제가 직접 가서 남은 수군의 상태가 어느 정도인지 살펴본 뒤에라야 대책을 마련할 수 있을 것 같습니다."
    "그렇게 해 주겠소? 고맙소."
    권율은 이제는 나이가 들어 머리가 희끗희끗한 이순신의 손을 꼭 잡았다.
    이제 믿을 사람이라고는 이순신밖에 없었다. 이순신은 그 길로 말을 달려 수영으로 향했다.

일전에 임금의 부산 진격 명령을 원균에게 전한 뒤 칠천량까지 따라갔던 김식은 가까스로 살아남아 한성으로 돌아왔다.

김식으로부터 수군의 전멸 소식을 들은 선조 임금은 급히 대신들을 모으고 대책 회의를 열었다.

"이제 수군이 모두 무너졌으니 이 일을 대체 어찌하면 좋겠소? 의견들을 말해 보시오."

너무 기막힌 상황인지라 아무 대책도 떠오르지 않았다. 아니 대책이 있을 수 없었다.

지난날 무리하게 원균의 부산 진격을 주장했던 대신들은 더더욱 입을 다물고 아무 말도 하지 못했다.

"이순신으로 하여금 속히 수군을 수습하게 해야 합니다."

결국 병조판서 이항복의 의견에 뜻을 모으고 그 날로 이순신을 다시 수군통제사로 복귀시켰다.

이순신이 임금의 교서를 받은 것은 8월 3일, 경상도의 한 작은 초가에서였다. 이순신은 왜군들의 눈을 피하고 주변의 상황을 살피느라 멀리 돌아서 가고 있는 중이었다.

"……경은 일찍이 품계를 뛰어넘어 수군절도사를 제수하던 날 이미 드러났고, 그 큰 공은 임진년의 승리로 다시 떨치니라. 그 후로 변방의 병사들은 경을 굳게 믿었건만 얼마 전 경을 파직시키고 백의종군하게 하였으니 이는 짐의 지모가 부족한 데서 나온 것이라. 그로 말미암아 오늘의 패전의 치욕을 당하게 됐으니 무

이순신

슨 할 말이 있으랴. 무슨 할 말이 있으랴……."

다시 삼도수군통제사로 임명된 이순신의 심정은 기쁘기보다는 답답할 뿐이었다.

병사도 없고 배도 없는 통제사가 이제 와서 무엇을 할 수 있단 말인가? 자신을 믿지 않았던 모든 사람들이 원망스럽기만 했다.

적들은 이미 사방에서 모여들고 있었고, 흩어진 수군을 재건하기 위해서는 지체할 시간이 없었다.

비가 몹시 내렸으나 이순신은 서둘러 전라도 수영을 향해 말을 몰았다.

이 길을 떠나는 이순신은 '다시는 살아서 돌아오지 못할 것이라는 예감이 들었다.'고 일기에 적어 놓고 있다.

1596년 9월, 강화 회담이 깨지자 도요토미 히데요시는 다시 조선을 침략하기 위해 병사를 징집하기 시작했다.

다음 해 1월부터 왜군들은 다시 조선으로 건너오기 시작했다. 병력수는 약 15만 명, 부산 일대에 남아 있는 왜군 5만 명과 합친다면 20만 명으로 임진왜란 당시와 비슷한 규모였다.

왜군은 부산을 비롯한 경상도 남해안 일대에 모두 모였으나 이순신의 수군이 견내량을 굳게 막고 제해권을 장악하고 있어 감히 공격하지 못했다.

육지로 올라간다 해도 일본으로부터 오는 길이 막혀 버린다면 꼼짝없이 조선땅에 갇히는 꼴이 되기 때문이다.

이에 왜군들은 정보 공략을 펴서 이순신을 제거했고, 조선 수군이 전멸하자 다시 대대적인 공격을 가해 왔던 것이다. 이것이 바로 정유재란이다.

가토가 이끄는 왜병 제1군은 경상도, 충청도, 경기도를 삽시간에 장악하고 한강 앞까지 진격했다. 그리고 수군들이 도착하여 군량과 무기를 보급받은 뒤, 수륙 합동으로 한성을 공격하기 위해 한강 앞에 진을 치고 있었다.

우키도 히데이에와 고니시가 이끄는 왜병 제2군은 부산을 출발하여 진주성을 함락시킨 뒤 전라도로 쳐들어갔다.

왜군들은 임진왜란 때보다 더 잔인하고 무자비하였다. 양민과 병사를 가리지 않고 여자, 아이 할 것 없이 조선인들을 만나기만 하면 죽였고, 죽인 시체의 코나 귀를 베어서 주머니에 넣어 가지고 갔다.

도요토미 히데요시는 왜군들에게 조선인들을 많이 죽이는 자에게 큰 상을 내리겠다고 하고, 그 증거물로 코나 귀를 베어 오게 했던 것이다.

이 때 일본으로 보내진 조선인들의 코와 귀는 일본 교토에 묻혀졌다가(이를 귀무덤이라 한다) 얼마 전에야 우리 나라로 돌아오게 되었다.

다시 통제사가 된 이순신은 전라도로 오는 도중에 포구에 들러 배들을 모으고 고을을 돌아다니며 수군을 모집했다.

그러나 남아 있는 남자라곤 노인과 어린아이들뿐 장정들은 이미 임진왜란 때 불려가 싸우다 죽었거나 일전의 칠천량 해전에서 모두 전사해 버리고 없었다.

이순신이 진도의 벽파진에 온 것은 8월 29일이었다.

벽파진에 도착한 이순신은 우리 수군의 상황을 보고 기가 막힐 뿐이었다.

그 위풍당당하던 대함대는 간 곳이 없고, 배라고는 칠천량에서 배설이 이끌고 도망쳤던 12척뿐이었고, 병사들은 모두 뿔뿔이 흩어져 버렸다. 남은 병사들도 사기가 땅에 떨어진 상태였다.

이순신이 이 곳까지 오는 동안 2천여 명의 수군을 모으기는 했으나 반 이상이 싸움이라곤 해 본 적이 없는 미숙한 병사들이었다. 배 또한 짐이나 사람을 나르는 작은 운반선들이라서 싸움에 쓸 수 없는 것들이었다.

이순신은 서둘러 무기와 배들을 손질하고 병사들을 이끌고 바다로 나가 훈련을 시켰다.

이러한 때 조정으로부터 공문이 내려왔다.

"12척의 전선으로는 적에 대항할 수 없을 것이니 이순신은 수군을 포기하고 육군에 합류해 싸울 것을 명령한다."

그 날 밤, 이순신은 한 통의 장계를 정성스럽게 써서 선조 임금에게 보냈다.

"…… 신에게는 아직도 12척의 배가 있사오니 나아가 죽기로 싸운다면 능히 적을 이길 수 있을 것이옵니다. 지금 수군을 폐한다면 적은 서해안을 거쳐 한강으로 향할 것인즉, 신이 걱정하는 것은 이 같은 사태이옵니다. 비록 전선이 적다 하여도 신은 아직 죽지 않고 살아 있으니 적들은 감히 우리를 얕보지 못할 것입니다."

죽음을 무릅쓰고 끝까지 싸우겠다는 이순신의 비장한 장계를 받은 선조 임금은 아무 말도 할 수 없었다.

다만 이 충성스럽고 용맹스런 장수가 무사하기만을 마음 속으로 기원할 뿐이었다.

적의 수군은 이미 웅천을 지나 옛날 이순신의 전라좌수영이 있던 여수를 짓밟은 뒤에 벽파진에서 멀지 않은 어란진에 모여들었다. 와키자카 야스하루의 1만 수군을 제외한 일본 수군 2만여 명과 왜선 2백여 척은 조선 함대를 쳐부순 뒤 서해를 가로질러 한성으로 가기 위해 이 곳에 집결한 것이다.

9월 14일, 이순신은 척후병으로부터 적이 어란진에 집결했다는 정보를 들었다.

적은 육군과 합세하여 한성을 공격하기 위해 서해로 가는 것이 틀림없었다. 적의 전략은 수륙 병진책이었다. 만일 조선 함대가 이 곳에서 적의 수군을 막지 못한다면 한성은 또다시 적의 손에 넘어갈 것이므로 나라의 운명은 정말 어떻게 될지 모르는 일이었다.

이순신은 적의 수군을 좁고 긴 명량해협으로 끌어들여 이 곳에서 싸움을 벌일 작전을 세웠다.

명량은 지금의 진도대교가 있는 곳으로 조선의 여러 물길 중에서 가장 물살이 빠른 곳이었다. 그래서 예로부터 급류가 흘러가는 소리가 마치 울음소리 같아 '우는 바다' 즉 명량(鳴梁)이라고 불렀던 것이다.

특히 이 곳은 조류가 급하여 하루 네 번씩 바뀌는데 순식간에 역류에서 순류로 바뀌었다.

이순신은 이 급류를 이용해서 적을 무찌를 계획을 세운 것이다.

그리고 명량해협은 폭이 좁아 적의 전선들이 한 번에 십여 척 정도씩밖에 들어올 수 없으므로 이순신은 12척의 조선 함대로 가로막고 있다가 차례로 공격할 계획이었다.

그러나 대전투를 앞둔 이순신은 초조하기만 했다. 그에게 있는 것은 전선 12척뿐, 병사라 해도 급하게 끌어모은 오합지졸뿐이었다. 이순신은 명량으로 향하기 전에 병사들에게 다시 한 번 간곡하게 당부하였다.

"내가 그대들에게 당부하노니, 병법에 이르기를 살고자 하면 죽고, 죽기로 작정하면 살 수 있다 하였다. 또 한 사람이 길목을 잘 지키면 능히 천 명도 막을 수 있다 했으니 이는 바로 오늘의 우리를 두고 한 말이다. 만일 조금이라도 법을 어기거나 도망치는 자가 있다면 군법으로 엄하게 다스릴 것이다."

1597년 9월 16일 새벽, 적선이 몰려오고 있다는 소식을 받은 이순신은 12척의 조선 수군을 이끌고 우수영을 떠나 명량해협으로 이동했다. 이순신은 가장 폭이 좁은 곳에 12척의 전선들을 옆으로 늘어서게 한 뒤 닻을 내리게 하였다. 거센 역류에 배가 떠내려가는 것을 막기 위해서였다.

주변의 섬에 피난해 있던 피난민들은 모두 나와 12척의 조선 함대가 명량해협으로 들어서는 모습을 가슴을 졸이며 지켜 보고 있었다. 이것은 조선의 운명이 달린 중요한 싸움이었다. 그들은 돌아온 이순신에게 마지막 희망을 걸고 있었다. 그러나 곧이어 피난민들의 입에서는 절망적인 한숨이 흘러나왔다.

명량의 순류를 타고 1백여 척의 왜적 함대가 기세등등하게 해협으로 들어서는 모습이 보였던 것이다. 적의 전선은 모두 133척, 우리 수군의 열 배가 넘는 숫자였다.

적들은 그 동안 새로 만든 '안택선'이라는 큰 전선들을 총동원하여 우리 수군을 무찌르기 위하여 온 것이었다. 당시 선두 함대의 대장은 구로시마 미치후사(마다시)로 예전에 당항포 해전에서 이순신의 공격을 받아 전사한 적장의 동생이었다. 구로시마 미치후사는 형의 원수를 갚기 위하여 선봉을 자처하고 나선 것이다.

12척 대 133척! 아무리 이순신이 명장이라고 하지만 누가 보아도 상대가 안 되는 싸움이었다. 지켜 보고 있던 피난민 중에는 이미 포기하고 주저앉아 통곡을 하는 이도 있었다.

"장군, 아니 됩니다. 어서 돌아오십시오. 그렇게 돌아가시면 안 됩니다……."

이순신의 기함에서 진격을 알리는 신호기가 오르는가 싶더니 거센 역류를 거스르며 서 있던 조선 함대에서는 우레와 같은 소리와 함께 각종 화포와 화살들이 쏟아져 나오기 시작했다.

곧이어 조선 함대의 모습은 연기와 불길과 거센 파도에 휩싸여 보이지 않게 되었다.

열 배도 넘는 적을 앞에 둔 우리 수군들은 한동안 기가 질려 주춤거렸으나, 이순신은 몸소 앞장 서 직접 포를 쏘며 병사들을 독려해 주었다.

"적선이 우리보다 많다 해도 한꺼번에 공격해 오진 못한다. 조금도 겁내지 말고 공격하여라!"

이순신은 계속 부하들을 격려해 가며 앞장 서서 싸웠다. 그러나 주위가 조용하여 둘러보니 다른 부하 장수들이 저만치 뒤로 물러서 있는 모습이 보였다. 누구보다도 대장을 보호해야 할 책임이 있는 중군장 김응함도 보이지 않았다.

이순신은 잠시 공격을 중지시킨 뒤 나팔수를 시켜 나팔을 불게 했다. 일제히 조선 함대들이 이순신의 기함을 주목했다.

기함에서는 돛대 꼭대기로 서서히 초요기(싸움터에서 대장이 부하 장수를 불러 지휘할 때 사용하는 기)가 올라갔다. 모든 장수들

에게 가까이 오라는 신호였다.

　가장 먼저 중군장 안위의 배가 다가왔다. 안위를 보자 이순신은 불호령을 내렸다.

　"안위야! 네가 군법으로 죽고 싶으냐? 네가 도망가서 살 수 있는 곳이 어디더냐? 당장 나가 싸우지 못하겠느냐!"

　이순신의 청천벽력 같은 호통을 들은 안위는 즉시 전선을 몰고 적진을 향해 돌진하였다. 이어 중군장 김응함의 배가 다가왔다.

　"너는 중군인데도 불구하고 멀리 물러나서 대장을 구하지 않으면 그 죄를 면할 줄 알았더냐? 내 군법에 따라 네 목을 가장 먼저 치리라!"

　서릿발 같은 이순신의 호통을 들은 김응함도 적진으로 돌격해 들어갔다. 그러나 적진으로 뛰어든 안위의 배가 적선 세 척에게 포위되어 집중 공격을 받기 시작했다. 왜군들은 거대한 갈고리로 배를 끌어당긴 뒤 안위의 배로 옮겨 타려고 했다.

　이순신은 즉시 뱃머리를 돌려 적선들을 향해 총통을 퍼부었다. 포탄은 정확히 적선을 관통하였으며, 선체는 구멍이 커다랗게 뚫린 채 기우뚱거리며 바다로 가라앉았다.

　조선 화포는 명량 해전에서도 다시 한 번 그 위력을 과시했다.

　우리 수군과 일본 수군의 대결은 화포와 조총의 대결이었다.

　적선이 압도적으로 많기는 했으나 겨우 한 사람만 겨냥하여 쏘는 조총으로 조선의 위력적인 화포를 당할 수는 없었다.

조선 함대에서는 화포 공격에 이어 조란탄 공격이 시작되었다.

조란탄이란, 이름 그대로 새알만한 크기의 쇠구슬을 지자총통에 넣고 발사할 경우 쇠구슬 2백여 개가 동시에 나가는 무기였다.

조선 함대의 기세에 놀란 적들은 뒤로 물러섰다가 다시 오고, 물러섰다가 다시 몰려와 공격을 하였다.

그 때 적선 중에 가장 크고 높은 배 한 척이 다가왔다. 그 위에는 대장인 듯 보이는 왜장 하나가 다른 적선들을 향해 공격을 명령하는 모습이 보였다.

이순신은 대장선을 향해 집중적으로 화포를 쏘아댔다. 잠시 뒤 꼭대기에 있던 왜장이 포를 맞고 바다로 떨어졌다.

왜장의 시체는 바다로 곤두박질친 뒤 깊숙이 가라앉았다가 다시 떠올랐다. 그 모습을 본 조선군 하나가 소리쳤다.

"적장 구로시마 미치후사다! 적장 구로시마 미치후사가 죽었다!"

그는 적의 포로로 있다가 탈출해 나온 준사라는 자로서 적장의 얼굴을 알고 있었던 것이다. 이순신은 구로시마 미치후사의 시체를 건져 올리게 한 뒤 그 목을 잘라 돛대에 매달았다. 이를 본 우리 함대에서는 함성이 터져 나왔고, 대장을 잃은 왜군들의 사기는 땅에 떨어졌다.

이윽고, 명량의 조류가 우리 함대에게 유리하게 바뀌기 시작했다. 갑자기 거센 역류를 타게 된 왜군들은 당황하였다. 밑이 좁고 선체가 높은 왜선들은 역류를 이기지 못해 위태롭게 흔들리거나 저희들끼리 서로 부딪쳤다. 그리고 어떤 것은 암초에 부딪쳐 박살나기도 했다.

　물살이 더욱 거세지자 우리 함대는 급조류를 타고 그대로 적선에 달려들어 부딪치는 충돌전을 시작했다.

　견고한 판옥선과 충돌한 왜선들은 그 충격을 이기지 못해 그대로 부서졌다. 거기에 대고 화포와 화살을 마구 쏘아대자 왜선은 순식간에 산산히 부서지거나 불에 타서 가라앉았다.

　배 안에 타고 있던 왜군들은 대부분 화살과 포에 맞아 죽거나 거센 물살에 휩쓸려 빠져 죽었다.

　이번에는 학익진이 아닌 명량의 조류와 화포를 이용해서 열 배가 넘는 적들을 물리친 것이다. 또 한번 이순신의 신화가 이룩되는 순간이었다.

　왜군은 순식간에 120여 척의 전선을 잃고 십여 척만이 가까스로 도망쳐 나갔다. 명량해협 밖에서 대기하고 있던 예비 함대 60여 척도 구로시마 미치후사의 함대가 불타는 것을 보고 급히 도망쳤다.

　전투가 끝나고 화염이 걷히자 조선 함대의 모습이 서서히 드러나기 시작했다. 수많은 적을 맞아 당연히 모두 죽었을 줄로 알았던 조선 함대는 당당한 모습으로 명량해협을 나오고 있었다. 기적과도 같은 일이 바로 눈앞에서 벌어진 것이다.

　"이순신 장군 만세!"

　이미 체념하고 있던 피난민들은 서로 얼싸안으며 또 한번 기쁨의 눈물을 흘려야 했다.

　이순신은 또 한번 이들에게 살 수 있다는 희망을 갖게 해 주었다.
　12척의 전선만으로 130여 척의 적선을 맞아 싸워 이긴 명량대첩은 오늘날까지도 세계해전사에 길이 남아 있을 정도로 역사적인 승리였다.
　명량에서의 패배로 수륙 합동으로 한성을 치려던 왜군의 수륙 병진책은 또다시 좌절되고 육지로 진격했던 육군들은 다시 남해안으로 후퇴해야 했다.
　이는 칠천량 해전에서 우리 수군이 전멸된 지 꼭 두 달 만의 일이었다. 그러나 명량에서 또다시 이순신에게 패하게 된 왜군들은 그 보복으로 아산에 있는 이순신의 집을 습격하여 셋째 아들 면을 죽이는 만행을 저질렀다.
　이 소식을 들은 이순신은 부하들에게 슬픈 표정을 보이지 않기 위해 하인의 방을 빌려 그 안에서 하루 종일 슬피 울부짖었다.

　하늘은 어찌하여 이다지도 무정한가?
　내가 죽고 네가 살아야 이치에 맞거늘,
　네가 죽고 내가 살아 있으니
　이런 경우가 또 어디 있으랴?
　하룻밤을 보내는 게 일 년 같구나!

이 날의 ≪난중일기≫는 지금까지도 이순신이 흘린 눈물로 얼룩진 채 남아 있다.

15. 다시 일어선 수군

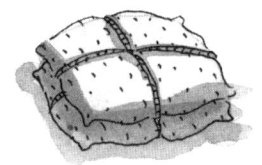

명량에서의 승리로 정유재란의 전세는 뒤바뀌게 되었다.

수군과 육군의 합동으로 한성을 공격하려던 왜군의 계획은 또다시 좌절되고, 한성 입구까지 진격했던 일본 육군도 일제히 후퇴하여 남해안으로 되돌아와야 했다. 남해안으로 퇴각한 왜군은 울산과 예교에 거대한 왜성을 쌓고 이 곳에서 장기 수비전에 들어갔다.

왜성은 방어전에 쓰여지던 일본 전통식 성으로 흔히 산과 바다가 연결된 곳에 세워지는데, 이는 산 위에서 방어하기 쉽게 하면서 바다를 통해 보급품을 공급받기 위해서였다.

일본의 기록을 보면, 왜성은 워낙 튼튼하고 수비하기에 유리하여 한번 이 곳에서 농성전에 들어갈 경우 공격을 해서 무너뜨린다는 것은 불가능하고, 밖에서 병참선을 모두 끊은 뒤 굶어 죽기를 기다리는 수밖에 없다고 할 정도로 함락시키기 어려운 성이었다.

왜군들은 주변에 있는 우리 백성들을 끌어다가 밤낮으로 성을 쌓았는데, 4백여 년이 지난 오늘날까지도 그 모습이 그대로 남아 있을 정도로 튼튼하게 지어 놓았다.

한편 9월 16일, 명량에서 대승리를 거둔 조선 함대는 이후 40여 일간을 인근 해안을 돌며 정찰을 하였다.

여기서 한 가지 재미있는 일이 있는데, 이 기간 동안 이순신은 병사들을 동원하여 소금을 만들었다는 것이다. 당시 소금은 요즘과 같이 염전에서 대량으로 만드는 것이 아니라 소금기가 많은 바다흙이나 모래를 바닷물로 걸러서 이것을 큰 가마솥에 넣어 불을 땐 뒤에 수분을 증발시키는 방법으로 만들어졌었다.

따라서 많은 인력과 시간이 드는 것에 비해 만들어지는 소금의 양은 적었기 때문에 작은 금(小金)이라 불릴 정도로 귀하고 값이 무척 비쌌다.

이순신은 병사들을 동원하여 다량의 소금을 만든 뒤 이를 팔아서 수군을 다시 일으키는 데 필요한 군량과 철, 구리 등 군사 물자를 샀던 것이다.

실제로 소금을 만들어 판 결과, 수군의 재건은 순조롭게 진행될 수 있었다.

다시 귀환한 이순신은 진영을 우수영에서 보화도(지금의 목포시 이로동)로 옮기고 본격적인 수군 재건에 들어갔다.

보화도는 전선을 감춰 두기에 유리했고, 산으로 둘러싸여 있어 겨울철에 불어 오는 찬바람을 막을 수가 있었다. 또한 영산강 하구에 위치하고 있어 강과 해상 교통의 요충지 역할을 하는 곳이었다.

이순신은 보화도에 도착한 직후 병사들이 지낼 만한 집을 세우고 전선을 만들 수 있는 임시 조선소를 설치했다. 또 주위의 섬들을 돌며 소나무들을 베어다가 전선을 만들기 시작했다.

한편, 당시 보화도에 있던 수천 명의 병사들의 군량을 확보하기 위해 해로 통행첩을 만들었다. 이 근방으로는 육지에서 왜군을 피해 온 피난민들이 배를 타고 수시로 지나다니고 있었는데, 이순신은 통행첩을 만들어 이 배들에게 통행세로 쌀을 받았던 것이다.

큰 배는 쌀 세 섬, 중간 배는 두 섬, 작은 배는 한 섬씩 받았는데, 피난민들은 쌀을 배에다 싣고 다녔기 때문에 쌀을 바치는 것은 그리 어려운 일이 아니었다. 오히려 해로 통행첩만 있으면 병사들의 검문 없이도 자유롭게 다닐 수 있어 더 기뻐했다.

그러나 무엇보다도 이순신의 명령이기에 백성들은 어려운 중에도 기꺼이 따랐던 것이다.

명량 대첩이 진행되는 동안 주변에 피난해 있던 피난민들은 산봉우리에서 먼발치로 이 싸움을 바라보았다.

이 날 명량 대첩을 지켜 본 피난민들은 두 번을 울어야 했다.

한 번은 이순신의 12척 조선 함대가 백여 척의 왜선들에 포위되자 이순신을 잃은 것으로 알고 통곡하였고, 또 한번은 열 배가 넘는 왜적을 물리치고 나오는 조선 함대의 기적적인 모습을 보고는 모두 함께 기쁨의 눈물을 흘렸던 것이다.

명량의 승전 소식은 입에서 입으로 퍼져 나갔고, 백성들은 이순신 아래에 있으면 살 수 있다는 희망과 믿음을 갖게 되었다.

피난민들은 앞을 다투어 이순신 아래로 모여들었고, 자진해서 조선 수군으로 들어왔다.

이들은 기꺼이 군량을 대어 주고 병사들의 겨울옷을 만들어 주었을 뿐만 아니라 새로운 전선과 활, 그리고 무기를 만드는 것도 도와주었다.

5개월 동안 27척의 전선들이 새로 만들어지고 7천여 명의 수군이 새로 확보될 수 있었던 것도 모두 이순신을 믿고 따라 준 백성들이 있었기에 가능한 것이었다.

이순신은 진심으로 백성들과 병사들을 아끼고 사랑했다.

이순신은 싸움에 나가 공을 세우거나 전사한 병사가 있으면 그 높고 낮음을 가리지 않고 반드시 임금께 올리는 장계에 그 직책과 이름을 적어 넣었다.

당시 엄격한 신분 사회에서 천민과 다름없는 수군의 이름을 임금이 어람(임금이 읽도록 하는 것)하도록 한다는 것은 대단히 영광스러운 일이었다.

임금이 그들의 공을 알게 함으로써 죽은 뒤에나마 사람다운 대접을 받게 해 주려는 뜻에서였다.

당시에는 전투에 나가서 이길 경우 그 공은 지휘관들에게만 돌아가는 것이 보통이었다. 병사들은 아무리 큰 공을 세우더라도 상을 받는 일은 거의 없었다.

전투에서 가져온 전리품들은 모두 지휘관의 몫이었다. 그러나 이순신은 해전에서 노획한 물품들을 병사들에게 골고루 나눠 주었고, 공이 있는 병사들에게는 따로 쌀이나 베 등의 상을 내렸다.

보화도에 있는 동안에도 병사들과 한솥밥을 먹고 추운 곳에서 잠을 잤다.

그는 이 곳에 있는 동안 잠자리에서도 한 번도 갑옷을 벗어 본 적이 없었다고 류성룡은 그의 저서 ≪징비록≫에 적어 놓고 있다.

이러한 이순신을 병사들과 백성들이 어버이처럼 믿고 따르는 것은 당연한 것이었다.

1598년 2월, 보화도에서 어느 정도 수군을 재건시킨 이순신은 수군 기지를 다시 고금도(지금의 완도)로 옮겼다.

어느덧 조선 함대도 전선 85척에 1만 5천 명의 수군을 거느린 대함대가 되어 있었다.

고금도는 순천에서 멀지 않고 동서로 통하는 길목에 위치해 있어 울산에서 부산, 순천으로 이어지는 적의 전선을 경계하기에 유리한 곳이었다.

또한 보화도보다 더 넓은 고금도로 옮김으로써 피난민들을 더 많이 오게 한 뒤 농사를 짓게 하여 조선 수군의 군량을 자급자족하기 위해서였다.

그러나 가장 큰 목적은 아직도 연안 일대에서 날뛰고 있는 적의 수군을 섬멸하기 위한 것이었다.

당시 적장 고니시가 있는 예교에는 1만 5천 명의 병력과 1백여 척의 대형 전선들이 있었다. 고니시는 육군이었지만 이 1백여 척의 대형 전선에 일본 수군 전투 병력이 타고 공격해 온다면 또다시 큰 해전을 일으킬 수 있는 것이다.

이순신은 조선 함대를 이끌고 근방에 나타나는 적의 수군들을 격침하고 부산에서 오는 보급선을 공격함으로써 예교에 있는 고니시를 궁지로 몰아넣었다. 보급품을 빼앗긴 예교의 고니시 부대는 식량이 부족하여 매일 굶주림에 허덕여야 했다.

이러한 때에 명나라 수군 대장 진린이 이끄는 명의 수군 7천여 명이 고금도로 왔다.

명나라에서는 명량대첩이 있던 다음 날, 임진왜란 6년 만에 처음으로 명의 수군을 조선에 파병할 것을 결정했다.

명의 수군들은 조선 수군들이 있는 고금도로 오게 되었는데, 당시 조선 수군을 책임지고 있던 이순신으로서는 이들에 대한 군량과 전쟁 물자까지 떠맡아서 대주어야 했다.

명의 수군이 도착하자 더 이상 조선 수군을 재건하는 데 힘을 쏟을 수가 없었다. 5천여 명의 명의 수군이 먹을 군량을 대려면 더 이상 남는 힘이 없기 때문이다.

어려운 상황이었지만 이순신은 인근 백성들의 협조를 얻어 정성껏 이들을 돌봐 주었다.

명의 장수 진린은 포악하고 성격이 급한 장수였으나, 이순신에게만은 공손했다.

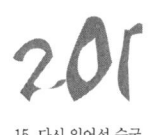

그러나 날이 갈수록 명의 수군의 횡포는 심해졌다. 육지에서도 그랬듯이 함부로 민가에 들어가서 물건을 빼앗고 횡포를 부리기 일쑤였다. 반항을 하거나 마음에 안 들 때는 힘없는 백성들을 폭행하거나 살인을 저지르기까지 했다.

"명나라 수군이 무서워서 더 이상 살 수가 없소."

"그래서 우리도 이 섬을 떠나기로 했다오."

견디다 못한 백성들은 하나씩 둘씩 고금도를 떠나기 시작했다.

이순신은 수차례 진린에게 병사들을 단속해 줄 것을 부탁했다.

"명의 수군들의 행패가 심한 것 같으니 주의를 주는 게 좋겠소."

그러나 명의 수군의 행패는 날이 갈수록 심해졌다.

진영을 완도로 옮길 것을 결정한 이순신은, 병사들에게 섬 안의 막사를 철거하고 짐을 배에 옮겨 싣게 하였다.

진영 곳곳에서 막사가 헐리는 것을 이상하게 여긴 진린은 병사를 시켜 이순신에게 물어 왔다.

"우리는 당신네 병사들을 믿었고, 그래서 마치 부모를 바라보듯 했었소. 그러나 오히려 우리 백성을 괴롭히고 있으니 이제 피해서 도망치려는 것이오. 나도 대장의 몸으로 혼자 남을 수가 없어서 같이 다른 곳으로 가려는 것이오."

이 소식을 전해 들은 진린은 황급히 이순신을 찾아왔다.

군량을 대주던 이순신이 떠나 버리면 명의 수군은 꼼짝없이 굶어야 할 형편이었던 것이다.

게다가 이 곳의 지형과 물길도 모르고 왜군과 한 번도 싸워 본 적이 없는 진린으로서는 이순신이 떠나고 나면 아무것도 할 수 없는 신세가 되는 것이다.

"가지 마시오."

"명나라 군사들의 행패가 고쳐지지 않으니 떠날 수밖에 없소."

"우리 병사들의 행패가 그렇게 심하면 장군이 직접 단속을 하시오. 내 아무 말 안 하리다."

"그럼, 볼기를 쳐도 괜찮겠소?"

"괜찮소."

"그럼, 중죄를 진 자의 목을 베어도 괜찮겠소?"

"죽을 죄를 지었다면 중벌을 받아야죠."

진린은 모두 수긍했다.

이로써 명의 수군에 대한 단속권을 갖게 된 이순신은, 범죄를 저지르는 자가 있을 경우 군법에 따라 엄중히 처벌했다. 이후 명나라 군사들은 이순신을 진린보다 더 무서워하게 되었다. 얼마 지나지 않아 명군의 행패는 줄어들었고 고금도는 다시 평화를 찾았다. 포악하던 진린도 이순신 앞에서는 양순한 고양이처럼 길들여질 수밖에 없었다.

고금도로 진영을 옮긴 지 5개월 뒤인 1598년 7월, 이순신은 녹도 만호 송여종으로부터 일본 함대 1백여 척이 녹도를 공격했다는 전갈을 받았다.

드디어 올 것이 온 것이다.

이순신은 즉시 함대를 이끌고 녹도 근방의 금당도(고흥군 금일면)로 향했다. 진린의 명나라 함대도 그 뒤를 따랐다.

조선과 명나라 연합 함대가 금당도에 도착했을 때는 이미 날이 어두워졌다. 이순신은 적의 야습에 대비하여 철저하게 주변을 경계하도록 한 뒤 금당도에서 밤을 보냈다.

다음 날 새벽, 녹도에 있던 왜군이 금당도를 향해 오고 있다는 급보를 받은 이순신은 급히 함대를 이끌고 나갔다.

적의 함대와 마주친 것은 절이도 앞바다에서였다.

이순신은 진린으로 하여금 안전한 곳으로 물러나게 한 뒤, 함대를 이끌고 포와 화살을 쏘며 적진으로 돌격해 들어갔다.

절이도의 전투에서 조선 함대는 적선 50여 척을 쳐부수고 모두 불태워 버리는 대승을 거두었다. 나머지 50여 척은 공격을 피해 도망치기는 했으나, 여기에 타고 있던 왜군들의 상당수도 포와 화살을 맞아 죽었거나 부상을 입었다.

절이도에서의 패배로 일본 수군 정예부대는 큰 타격을 받았고, 이후 남해도 서쪽 바다에서 얼씬도 하지 못하게 되었다.

전투가 끝난 뒤 이순신은 바다에 떠 있는 적의 시체 70여 구를 끌어올린 뒤 그 목을 베어 진지로 돌아왔다. 이것을 본 진린은 이순신을 졸라 이 중 40여 개를 빼앗은 뒤 자신의 공인 양 조정에 보고하기도 했다.

'절이도 해전'이라 불리는 이 전투는 많이 알려지지는 않았지만, 임진왜란이 끝나는 데 결정적인 역할을 했다.

절이도 해전의 패배로 명량에서 전멸당한 뒤 10개월간 재건한 일본 수군이 또다시 치명상을 입게 된 것이다.

임진왜란의 마지막 전투인 노량 해전에서 적선 2백여 척을 쳐부수고, 5만여 명의 왜군을 전멸시키는 역사적인 승리을 거둘 수 있었던 것도, 절이도 해전에서 적의 정예수군을 격멸하고 남해도 서쪽의 제해권을 장악했기 때문에 가능했던 것이다.

16. 도요토미 히데요시의 죽음

명량 해전에서 패배한 뒤 다시 후퇴한 왜군들은, 남해안 일대에 왜성을 쌓고 장기 농성전에 들어갔다.

1597년 8월, 정유재란이 시작된 지 3개월이 채 안 되어 왜군들은 다시 쫓기는 신세가 되었다. 왜성 안에 갇힌 꼴이 된 왜군들의 생활은 참으로 비참했다.

가토가 쌓은 울산 왜성에는 2만여 명의 왜군들이 있었는데, 그 해 12월 22일 조·명 연합군의 공격을 받아 수천 명이 전사했다. 또 조·명 연합군에게 성의 급수원인 태화강을 빼앗기게 된 왜군들은 극심한 급수난과 식량난에 허덕여야 했다.

당시 이 곳에 머물었던 오코우치라는 왜장은 그의 종군기에 당시의 비참한 생활을 다음과 같이 기록하고 있다.

……취수원이 끊긴데다 명군과 조선군이 포위하고 있어서 낮에는 물을 길 수가 없었다. 밤이 되어 물을 길러 성 밖으로 나가 보면 못에 우리 군사들의 시체가 둥둥 떠다녔다. 우리는 피가 섞인

물로 갈증을 풀었다. 점점 군량도 바닥이 나기 시작했다. 배고픔을 견디다 못한 병사들은 종이를 씹고 벽에 붙은 흙을 떼어 끓여 먹었다. 대장들에게 밥을 한 그릇 지어 바치자 굶주린 부하들을 가엾게 여긴 대장들은 한 젓가락씩 밥을 떼어 병사들에게 나누어 주었다. 그러나 굶주리고 추위에 몰려 울부짖던 소리들도 점차 작아졌다. 소리 지를 기운도 없었던 것이다……,

이 곳에 있던 악명 높은 왜군 대장 가토도 거의 굶어 죽기 직전까지 이를 정도였으니, 다른 부하들의 고생이란 이루 말할 것도 없었을 것이다.

이렇듯 조선에 있는 왜군들이 전쟁을 끝내기 위한 마지막 안간힘을 쓰고 있을 때 일본에서는 중요한 사건이 벌어지고 있었다.

도요토미 히데요시가 복견성에서 마지막 숨을 몰아쉬고 있었던 것이다.

1598년 8월 18일, '내가 죽거든 즉시 조선에서 철수하라.'는 유언을 남긴 채 도요토미 히데요시는 숨을 거두었다. 이 때 그의 나이 예순세 살이었다. 전하는 이야기로는 조선이 일본으로 쳐들어올 것을 걱정하며 세상을 떠났다고 한다.

도요토미 히데요시의 시신은, 그의 죽음이 알려질 것을 두려워한 도쿠가와 이에야스에 의해 소금에 절여지는 수난을 당하였다. 전투에 나가 있던 왜군들의 사기가 떨어질 것을 염려한 때문이었다.

조선에서 모두 철수하라는 도쿠가와 이에야스의 철수 명령이 부산에 전해진 것은 그 해 10월 1일이었다.

당시 조선에 남아 있던 왜군은 모두 합해 6만 4천여 명이었다.

울산, 순천, 부산 등지로 흩어져 있던 왜군들은 각기 재량껏 휴전을 한 뒤, 11월 10일까지 남해의 창선도로 모이기로 합의했다.

한편, 고니시와 그 부대는 예교의 왜성에 머물고 있었다.

당시 성 안에는 1만 5천여 명의 왜군들과 수백 명의 조선군과 명나라 군 포로들이 있었다.

그러나 포로들보다 더 불안하고 초조한 나날을 보내야 했던 것은 바로 왜군들 자신이었다. 식량은 점점 떨어져 갔고, 언제 조·명 연합군의 공격을 받게 될지 모르는 상황이어서 이들은 하루하루 불안한 나날을 보내야 했다.

마치 죽음의 성과 같던 이 곳에도 도요토미 히데요시가 죽었다는 소식이 전해져 왔다. 왜군들은 고향으로 돌아갈 수 있다는 희망에 오랜만에 생기를 되찾고 웃음꽃을 피웠다. 그러나 왜군들을 다시 절망에 빠지게 한 일이 일어났으니, 바로 조·명 연합군이 공격을 해 온 것이다.

작은 예교의 왜성을 에워싸고 육지에서는 유정이 이끄는 명나라의 육군이, 바다에서는 용맹한 이순신과 진린이 이들의 갈 길을 막아섰다.

1598년 8월, 명나라 제독 유정은, 명군 총독으로부터 수군과 연합하여 남아 있는 왜군을 공격하라는 명령을 받고, 1만 5천 명의 명의 육군을 거느리고 왜성이 있는 순천으로 내려왔다.
　9월 15일, 유정의 연락을 받은 이순신과 진린의 연합 수군은 고금도를 떠나, 5일 뒤 고니시가 있는 왜성이 마주 보이는 여수 앞바다에 도착했다.
　왜성 안의 왜군들은 포구 깊숙이 전선들을 숨겨 두고 입구에는 나무말뚝을 무수히 박아 놓았다. 연합 수군이 접근하지 못하도록 해 놓은 것이다.
　수군이 왜성을 공격하는 데는 많은 어려움이 있었다. 예교 앞바다는 썰물 때는 물이 빠져 갯바닥이 드러나기 때문에 밀물 때만 공격이 가능했다.
　그러나 무엇보다 어려운 것은 육군과 전혀 손발이 맞지 않는다는 것이었다.
　우리 수군들만 앞으로 나아가 죽기로 싸울 뿐, 육지 쪽에서 같이 공격해 주어야 할 명나라 육군은 전혀 싸울 생각은 하지 않고 지켜보고만 있는 것이었다. 실제로 유정에게는 싸우려는 마음이 조금도 없었다.
　"어차피 남의 나라 싸움, 그것도 거의 끝나 가는 싸움인데 공연히 나서서 명나라 병사들의 피를 흘리게 하고 싶지 않다."
　"같이 싸우기로 약속을 했으면 싸워야 되지 않소. 이렇게 가만히 있으려면 무엇 하러 왔소!"
 이순신으로부터 항의를 받게 되자, 명나라 총독의 체면이 말이 아니게 되었다. 미안해진 유정은 이순신과 명나라 수군에게 적을 수륙 합동으로 기습하자고 먼저 제의해 왔다.

 10월 3일 밤, 이순신과 진린은 밀물이 들 때를 기다려 왜성으로 진격해 들어갔다. 적의 눈을 피해 왜성 바로 아래까지 다가간 조선 함대는 화포를 쏘아대며 공격하였다. 가까운 거리에서 쏜 수군의 포탄은 성 안 깊숙이까지 날아가 떨어졌으며, 고니시의 거처인 천수각도 포에 맞아 무너져 버렸다. 뜻밖의 기습을 받은 왜군들은 당황하여 성문 쪽에 있던 병사들까지 모두 해안 쪽으로 몰려갔다. 뒤에서 명나라 육군이 공격할 것에 대한 대비를 미처 하지 못한 것이다. 성 안의 왜군들을 섬멸할 수 있는 좋은 기회였다. 왜군들은 해안으로 모여들어 수군과 싸우느라고 성 안은 거의 비어 있는 상태였다.
 이 때 육군이 공격했다면 왜성은 단번에 함락될 수 있었으나, 유정은 끝내 공격 명령을 내리지 않았다.
 유정의 접대를 맡기 위해 따라와 있던 접반사 김수가 유정에게 싸울 것을 요청했다.
 "장군, 이번에 공격하면 왜성을 물리칠 수 있습니다!"
 그러자 유정은 도리어 화만 낼 뿐이었다.

"지휘는 내가 한다. 공격하는 시늉만 하면 됐지 왜 피를 흘리며 싸우란 말인가!"

결국 눈앞에 있는 왜성을 포기한 채 이순신은 수군을 이끌고 고금도로 되돌아와야 했다. 우리가 힘이 없어 당한 일이니 더 이상 남을 원망할 수도 없었다.

'그래, 저 왜군들은 우리의 적일 뿐이다. 우리의 적은 우리 손으로 무찔러야 한다.'

고금도로 돌아온 이순신은 또다시 함선과 무기들을 손질하고 병사들을 훈련시키기 시작했다.

11월 8일 밤, 이순신이 훈련을 마치고 처소로 돌아와 잠자리에 들려고 할 때 진린으로부터 급히 오라는 연락이 왔다.

자신의 처소로 온 이순신 앞에 진린은 순천에서 날아온 한 통의 편지를 내놓았다.

"예교에 있는 적들이 11월 10일 경에 모두 철수하여 일본으로 돌아갈 것이오."

이순신으로서는 이미 짐작하고 있던 바였다.

"어찌하면 좋겠소? 어차피 다 끝난 전쟁인데 굳이 또 싸울 필요가 있겠소?"

진린은 그냥 돌려 보냈으면 하고 바라는 눈치였으나 이순신은 단호하게 말했다.

"싸워야죠. 단 한 놈이라도 살려서 돌려 보낼 수는 없습니다."

16. 도요토미 히데요시의 죽음

이순신은 싸움을 피하려는 진린을 겨우 설득하여 후퇴하는 왜군들을 함께 막을 것을 약속한 뒤에 자신의 처소로 돌아왔다.

다음 날 이른 아침, 고금도를 떠난 이순신과 진린은, 11월 11일 예교 앞바다에 있는 유도에 도착했다.

예교 왜성에 있는 적들이 도망갈 길을 미리 막아선 것이다.

이순신은 주변의 바닷길을 모두 막은 뒤, 싸움이 길어질 것에 대비하여 섬 위에 막사를 세우고 취사할 준비를 하도록 하였다.

이렇듯 이순신이 길목을 철통같이 막아서자 꼼짝없이 갇히게 된 고니시는 탈출하기 위한 여러 작전을 생각했는데, 그 작전이란 바로 명나라 수군 도독 진린에 대한 뇌물 공세였다.

조선을 위해 싸울 의사가 별로 없는 진린을 뇌물로 회유하여 도망갈 길을 열어 보려는 것이었다.

고니시는 부하들을 시켜 진린에게 돼지 두 마리와 술 두 통을 선물로 보냈는데, 그 속에는 비밀 편지가 들어 있었다.

"우리가 철수할 때 모든 무기와 부상자들을 두고 갈 테니 전리품으로 가져도 좋습니다."

대장 고니시와 1만 5천여 명의 왜군들의 운명이 걸린 뇌물치고는 참으로 보잘것 없는 것이었으나, 진린은 만족스러워하며 고니시의 부탁을 들어 주었다.

진린의 허락을 받은 고니시는 선발대 십여 척을 왜성 밖으로 내보냈지만, 이들은 나가자마자 이순신 함대의 공격을 받아 다시 쫓겨 들어와야 했다.

　진린에게 속은 것으로 판단한 고니시는, 격노하여 그 보복으로 명군 포로 두 명의 팔을 잘라 진린에게 보냈다.

　"또다시 우리를 속이려 든다면 우리도 가만히 있지 않겠다. 돌아갈 것을 포기하고 명나라 군과 죽기로 승부를 겨룰 것이다."

　고니시의 전갈을 받은 진린은 난감했다.

　아무리 자기가 허락한다 해도 이순신이 있는 한은 아무 소용이 없었다.

　"내가 허락한다 해도 이순신이 막고 나선다면 나로서도 어쩔 수가 없소. 이순신에게 허락을 구해 보시오."

　고니시는 다시 부하를 시켜 조총과 왜검을 이순신에게 선물로 보내어 길을 열어 줄 것을 간청했다.

　고니시의 뇌물을 받은 이순신은 끓어오르는 분노를 누를 길이 없었다.

　"뭣이? 나더러 너희들이 돌아갈 길을 열어 달란 말이냐? 내 임진년 이후 너희들을 무수히 무찔렀고 빼앗은 조총과 칼이 산더미처럼 쌓였는데 내 이런 것을 받고 순순히 너희들을 돌려 보낼 줄 알았더냐? 들어올 때는 마음대로 들어왔지만 나갈 때는 그럴 수 없을 것이다!"

　이순신의 호통소리에 놀란 고니시의 병사들은 질겁을 하여 되돌아갔다.

이순신이 부탁을 들어 주지 않자, 고니시는 또다시 진린에게 많은 뇌물을 보낸 뒤 이순신을 설득해 줄 것을 부탁했다.

이에 넘어간 진린은 이순신을 찾아와 왜군들에게 길을 열어 줄 것을 넌지시 부탁했다.

"이 장군, 고니시가 8일간 시간을 주면 무장을 해제하고 돌아가겠다고 하니 길을 그냥 열어 주시오."

"아니 되오. 귀국 황제께서 대장을 보내신 것은 적을 무찌르라고 보낸 것이오. 그런데 어찌 이제 와서 적들과 화친을 허락하려 한단 말이오? 그러고도 대국의 장수라 할 수 있겠소?"

"뭣이?"

이순신이 한 마디로 진린의 요구를 거절하자, 진린을 허리춤에서 긴칼을 뽑아들었다. 본래 중국에서는 출정하는 장수에게 황제가 직접 칼을 내리는 것이 관례였다.

그 칼로 적뿐만 아니라 명령에 불복하는 부하의 목을 잘라도 좋다는 뜻이 담겨 있었다.

진린은 이순신의 목을 겨누며 협박했다.

"이 칼은 우리 황제께서 직접 하사하신 것이오. 내 명령을 거역한다면 이 칼로 당신의 목을 벨 것이오."

그러나 이순신의 태도는 완강했다.

참혹한 7년 전쟁 동안 이 땅을 쑥대밭으로 만들어 놓은 적들을 이제 와서 곱게 보낼 수는 없었다.

"한 번 죽는 것은 두렵지 않소. 그러나 난 이 나라의 장수로서 적들을 그대로 놓아 줄 순 없소. 차라리 내 목을 치시오!"

이순신의 뜻을 꺾는다는 것이 불가능하다는 것을 안 진린은 칼을 거두지 않을 수 없었다. 그러나 진린은 끝내 큰 실수를 저지르고 말았다.

이순신이 거절하자 고니시는 진린에게 마지막으로 배 한 척만 통과하게 해 줄 것을 요청했고, 이 제안을 대수롭지 않게 여긴 진린은 그만 왜선 한 척을 통과시켜 준 것이다.

그러나 이것은 고니시의 마지막 함정이었다.

이 한 척의 배는 바로 남해에 있는 고니시의 사위에게 구원을 요청하기 위해 가는 통신선이었던 것이다.

17. 최후의 날

　도요토미 히데요시가 죽자 조선에 있던 모든 왜군들에게는 철수 명령이 내려졌다.
　예교에 있는 고니시를 비롯한 모든 왜장들은, 11월 10일까지 남해의 창선도에 모인 뒤 함께 일본으로 돌아가기로 약속했다.
　각지에 흩어져 있던 왜군들은 하나 둘씩 창선도를 향해 모여들었다. 드디어 길고 긴 전쟁을 끝내고 고향으로 돌아갈 수 있게 된 것이다. 그러나 약속한 지 이틀이 지나도록 고니시 함대는 나타나지 않았다.
　이순신 함대에 의해 예교 앞바다를 모두 봉쇄당했기 때문이다.
　그로부터 며칠이 지난 뒤, 고니시가 보낸 배 한 척이 도착했다.
　진린의 허락을 얻어 철통 같은 조선군의 수비망을 몰래 빠져 나갔던 고니시의 통신선이었다.
　"조선 함대가 예교의 해상을 봉쇄하고 있어 빠져 나갈 수가 없소. 뒤에서 조선 함대를 공격해 준다면 그 사이에 빠져 나가겠소."
　다른 왜군들로서는 하루라도 빨리 본국으로 돌아가고 싶었지만 대장 고니시를 남겨 둔 채 본국으로 돌아갈 수는 없었다.
 왜군들은 총출동하여 고니시를 구출할 작전을 세운 뒤, 왜장 시마스를 선봉장으로 하여 예교를 향해 출발하였다.

 이순신이 고니시의 배가 빠져 나간 것을 안 것은 그 다음 날이 되어서였다.
 "장군님, 간밤에 왜선 한 척이 빠져 나갔다고 합니다."
 "음……. 결국 이렇게 되고 말았구나. 어서 전군에게 출동 준비를 하라고 하라!"
 이것은 이순신이 가장 우려하던 일이었다.
 이제 곧 적의 수군들이 고니시를 구하기 위해 모두 몰려올 것이고, 적의 전수군과의 한판 승부를 피할 수가 없게 된 것이다.
 남해에 있는 적이 가장 빨리 올 수 있는 길은 노량해협을 지나오는 길이었다.
 이순신은 제일 믿을 수 있는 경상우수사 이순신(李純信)을 노량으로 보내 감시하게 한 뒤, 다른 함대는 미조목을 경계하도록 했다.
 왜군들이 노량으로 오지 않고 미조목으로 오게 될 만일의 경우에 대비하기 위해서였다.
 1598년 11월 18일 저녁, 노량의 이순신(李純信)에게서 급한 전갈이 날아 들었다.
 "오늘 저녁 여섯 시에 수많은 적선들이 노량에 도착했습니다."

전갈을 들은 이순신은 즉시 해상 봉쇄를 풀고 노량을 향해 진격할 것을 명령했다.

적군이 올 때까지 기다렸다가 이 곳에서 전투가 벌어질 경우 왜성 안에 있는 고니시 군과 뒤에서 오는 적의 원군 양쪽으로부터 공격을 받아 그야말로 독 안에 든 쥐가 될 위험이 있었기 때문이다.

이순신은 노량에서 적의 원군을 기다리고 있다가 먼저 공격하여 막을 계획으로 노량으로 항진했다.

진린도 그제야 고니시에게 속은 것을 알고 잘못을 뉘우치면서 함대를 이끌고 우리 함대의 뒤를 따랐다.

조선과 명의 수군이 유도를 떠난 시간은 11월 18일 밤 열 시경이었다.

이순신은 병사들에게 '하무'를 하도록 한 뒤 소리가 날 만한 악기들을 한 곳에 모으게 했다. 적에게 함대가 이동하는 사실이 알려질 것을 염려한 탓이다.

하무란, 밤에 병력이 이동할 때 병사들이 소리를 내는 것을 막기 위해 입에 물게 했던 막대기로 일종의 방음 장치였다.

이순신은 노량으로 향하는 배 위에서 대장기 아래 무릎을 꿇고 하늘을 향해 간절하게 기원했다.

"하늘이시여, 저 왜적들만 무찌를 수 있다면 죽어도 원이 없겠나이다. 부디 도와 주소서!"

말하지 않더라도 하늘은 이순신의 마음을 알고 있을 것이다.

저들은 죽어도 살려 보낼 수 없는 원수들이었다.

적들을 쳐부술 수만 있다면 기꺼이 죽음이라도 받아들일 것 같은 심정이었다.

이순신 함대가 일본 수군이 집결해 있는 노량의 입구에 도착한 것은 다음 날 새벽 두 시경이었다.

이순신은, 일전의 패전으로 병력도 2천 6백 명밖에 남지 않은 명나라 수군은 뒤쪽에서 대기하게 한 뒤, 함대를 이끌고 노량을 향해 전진해 들어갔다.

왜군 함대와 마주친 것은 새벽 네 시경이었다. 11월의 바닷바람은 칼날처럼 매섭게 몰아쳤으나 적을 눈앞에 둔 조선 수군의 뜨거운 투지는 한겨울의 추위마저 꺾어 놓고 있었다.

이순신의 기함에서 쏘아 올린 신기전을 신호로 드디어 11월의 밝은 달빛 아래 임진왜란의 마지막 전투가 막을 올렸다.

이것은 역사 이래 볼 수 없었던 치열하고 참혹한 접전이었다.

어떠한 작전도 지휘도 필요가 없었다.

서로가 죽을 힘을 다해 필사적으로 덤벼들었다.

배와 배가 부딪치고, 사람과 사람이 부딪치고, 포와 총이 맞대고 날아갔다.

조선 수군들은 불이 붙은 장작개비까지 던져 가며 필사적인 공격을 가했다.

이 싸움은 서로가 한 치도 양보할 수 없는 싸움이었다.

222

이순신

왜군들로서는 어떻게 해서든 왜장 고니시를 구출해야 길고 끔찍한 전쟁을 끝내고 고향으로 돌아갈 수 있었고, 조선군 또한 7년 동안 우리 나라를 마구 짓밟고 할퀸 원수들을 순순히 돌려 보낼 수는 없었던 것이다.

무엇보다 이 날 전투에 참가한 수군들은 일찍이 칠천량 해전에서 몰살당한 조선 수군들의 아버지, 형제, 자식들이었던 것이다.

조선군의 기세에 밀린 왜군들은 더 이상 버틸 힘이 없자, 사방으로 퇴로를 찾다가 뒤에 있는 관음포 안으로 도망쳤다. 그러나 관음포는 얼핏 보기에는 바다 저쪽으로 통한 것 같지만 뒤가 막힌 개구비였다.

적은 꼼짝없이 독 안에 든 쥐꼴이 되었다.

이 때 적이 갇힌 것을 보고 너무 방심한 채 다가가 싸우던 명나라 군대의 부총병 등자룡의 배에서 불길이 치솟았다. 갑작스럽게 치솟은 불길에 놀란 명나라 군사들이 한쪽으로 쏠리고 배가 기울어진 틈을 타 왜군들이 기어올라 명나라 군사들을 공격하기 시작했다.

이 때만큼은 침착하던 이순신도 당황할 수밖에 없었다.

"어서 부총병을 구하라!"

이순신이 급히 조선 함대 수십 척을 이끌고 다가갔으나, 이미 등자룡의 배는 왜군들에게 점령당하고, 등자룡도 적의 칼에 목이 잘린 뒤였다.

이윽고 등자룡과 2백여 명의 명나라 군사를 태운 배는 화염 속에

17. 최후의 날

휩싸인 채 바닷속 깊이 가라앉았다.

도망갈래야 도망갈 곳이 없어진 적들은 최후의 발악을 하듯 처절한 저항을 해 왔다. 글자 그대로 혈전이요, 목숨을 건 싸움이었다.

양쪽은 모두 대오를 잃고 뒤섞여 닥치는 대로 쏘고, 찌르고, 부수고, 던졌다.

전투가 막바지에 이를 무렵, 7년 동안 애써 피해 왔던 백병전까지 맞붙게 되었다.

이윽고 해가 밝을 무렵 승패는 거의 판가름이 났다.

조선 함대의 맹공격을 받은 왜선은, 거의 대부분 불타거나 바다에 침몰되었다. 마지막으로 남은 적선 1백여 척만이 조선 함대와 대치하고 있었다.

추격 함대의 선두에서는 이순신이 북을 치며 지휘하고 있었다.

뱃머리에 바위처럼 우뚝 선 노장의 모습이 밝아 오는 아침 햇살을 받아 선명하게 드러나기 시작했다. 옆에서는 군관 송희립과 조카 완이 지휘기를 휘두르며 병사들을 독려하고 있었다.

궁지에 몰린 왜군들은 마지막 남은 힘을 다해 조총을 쏘아댔다.

맨 앞에 있던 적선의 갑판 위에서 왜군 하나가 이순신을 향해 조총을 겨누었고, 발사된 총탄은 이순신의 가슴을 뚫고 지나갔다.

"윽!"

짧은 신음 소리를 내며 앞으로 쓰러진 이순신을 부둥켜안았을 때는 이미 가쁜 숨을 몰아쉬고 있었다.

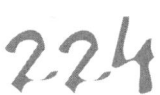

"장군님! 장군님!"

"어서 방패로 내 몸을 가려라."

아무래도 살아나지 못할 것을 안 이순신은 손에 있던 영기(군령을 전하는 기)를 조카 완에게 쥐어 주며 말했다.

"싸움이 한창 급하다. 내가 죽었다는 말을 하지 말고 계속 싸우도록 해라."

가까스로 말을 끝낸 이순신은 그대로 고개를 떨구었다. 이것이 이순신의 마지막 유언이었다.

그의 나이 53세였다.

주위에 있던 군관들과 병사들은 울음을 삼키며 그를 선실로 옮겼고, 완은 계속 영기를 흔들며 싸움을 지휘하였다.

싸움은 거의 막바지에 접어들고 있었다. 가까스로 포위망을 뚫은 적선 1백여 척이 도망치기 위해 필사적으로 몸부림치고 있었다.

도망치는 적선들 중에는 대장 시마스의 전선도 끼여 있었다.

조선 수군들은 적의 대장선을 향해 마지막 총공격을 퍼부었다.

적의 함대를 만났을 때, 먼저 대장선을 격파해서 전세를 잡은 다음 나머지 적선을 공격하는 것이 이제까지 펼쳐 온 이순신식 해전법이었다.

이순신의 죽음을 모르는 있는 조선 수군들은 이제까지 그랬듯이 대장선을 향해 공격을 가했다.

누각에 앉아 적선을 지휘하던 대장 시마스를 향해 포와 화살을 집중적으로 쏘아댔다.

그러나 대장이 목표가 된 것을 안 옆에 있던 왜병들이 시마스를 겹겹이 에워싸고 대신 활을 맞고 쓰러졌다.

이 틈에 시마스는 가까스로 몸을 피했고, 나머지 전선들을 이끌고 황급히 후퇴했다.

3백여 척의 전선 중에 무사히 도망친 전선은 1백 척이 채 안 되었다. 타고 있던 5만여 명의 왜군들도 전멸되었다. 이순신이 마지막으로 하늘에 기원했던 간절한 소원이 이루어진 것이다.

적들이 모두 도망쳐 버리자 조선 함대는 기쁨의 함성을 지르며 이순신의 기함 주위로 모여들었다.

"장군님, 드디어 이겼습니다. 어서 나와 보십시오!"

진린도 배를 저어 이순신의 기함으로 싱글거리며 다가왔다.

"어서 나와 보시오. 저 왜군들 꼴 좀 보시오!"

이 때, 기함 선실에서 나온 송희립이 애써 눈물을 참으며 침통한 표정으로 입을 열었다.

"장군께서는 돌아가셨습니다. 방금 전에……."

송희립은 말을 채 못 잇고 그 자리에 쓰러지며 참았던 울음을 터뜨렸다.

"뭐라구요? 장군께서 돌아가셨다구요?"

배 위에 있는 병사들도 주저앉아 뱃전을 치며 통곡했다. 놀란 진린이 이순신이 있는 선실로 뛰어 들어와 그의 시신을 흔들며 소리쳤다.

"대체 이게 어찌 된 일이오. 그대가 이 나라를 살렸는데 그 기쁨도 누리지 못하고 이렇게 돌아가시다니……. 이런 일이 어디 있소. 흑……."

이순신의 죽음을 전해 들은 조선 함대는 일제히 울음바다로 변해 버렸다.

자신들을 그토록 아껴 주던 장군이었다. 천민과 다름없던 미천한 자신들을 친자식처럼 돌봐 주고 진정으로 사랑해 주던 이순신이었기에, 그들도 목숨을 아까워하지 않고 그를 도와 나라를 위해 싸웠던 것이다. 최후의 승리를 눈앞에 두고 자신들을 남겨 놓고 가 버린 장군이 한없이 야속하기만 했다.

"장군님, 이제 저희들은 어떻게 하라고 먼저 가 버리셨습니까? 장군님!"

어느덧 피로 물든 노량의 앞바다 위에는 붉디붉은 해가 높이 걸려 있었다.

그러나 노량을 울리는 애달픈 울음소리는 그칠 줄 몰랐다.

노량에서 구사일생으로 도망친 시마스는 패잔 함대를 이끌고 웅천에 도착하여 왜성에서 탈출한 고니시 군과 합류했다. 고니시는 이순신 함대가 노량으로 진격한 사이에 몰래 빠져 나와 남해를 돌아 웅천으로 왔던 것이다. 부산에 모인 왜군들은 11월 25일 일본으로 모두 돌아갔다.

이로써 6년 7개월 12일에 걸쳐 계속되었던 임진왜란은 그 막을 내리게 되었다.

이순신의 주검은 노량 앞바다가 보이는 관음포에 안치됐다가 뒤에 고금도를 거쳐 고향인 아산으로 옮겨지게 되었다.

그의 고향집은 이미 왜적들의 손에 불타고 없어졌으나, 마을 사람들은 기꺼이 그를 위해 극진히 장례를 치러 주었다.

그가 생전에 아끼던 병사들과 고향 사람들이 눈물로 지켜 보는 가운데 금성산 기슭에 묻혀졌다.

이순신의 죽음을 알리는 비보를 받은 선조 임금은 진심으로 애석해하며 그를 좌의정으로 추증(공이 큰 신하가 죽은 뒤에 그 벼슬을 높여 주는 것)하였다.

그 뒤 광해군 때 다시 영의정으로 추증되었고, 그로부터 45년이 지난 1643년 인조 임금에 의해 '충무(忠武)'라는 시호가 내려졌다.

목숨을 바쳐 임금을 섬겼다는 뜻에서 충(忠), 난리를 평정하여 나라를 위험에서 구했다는 뜻에서 무(武)라고 한 것이다.

그 뒤로부터 사람들은 그를 충무공이라 부르게 되었다.